QUIÉRETE COMO NUNCA TE HAN QUERIDO

Yong Kang Chan

Quiérete como nunca te han querido

URANO

Argentina – Chile – Colombia – España
Estados Unidos – México – Perú – Uruguay

Título original: *Parent Yourself Again*
Traducción: Rut Abadía

1.ª edición Octubre 2022

ISBN: 978-84-17694-79-1
E-ISBN: 978-84-19251-34-3
Depósito legal: B-15.000-2022

Fotocomposición: Ediciones Urano, S.A.U.

Impreso por: Rotativas de Estella – Polígono Industrial San Miguel Parcelas E7-E8
31132 Villatuerta (Navarra)

Impreso en España – *Printed in Spain*

Índice

TERCERA PARTE

Sanar al niño interior

Prefacio

Ram Dass, el maestro espiritual, dijo una vez: «Si crees que estás iluminado, ve y pasa una semana con tus padres». Lo mismo ocurre con la autoestima. Si quieres saber si te quieres o no, vete a vivir con tus padres. No vayas solo a visitarlos, vive con ellos. Para la mayoría de nosotros, nuestros conflictos y nuestra infelicidad comienzan con nuestra familia. Aprende a amar a tu familia y sabrás cómo amarte a ti mismo. Lo contrario también es cierto.

Pero vivir con tus padres no es fácil. No importa la edad que tengas, siempre que estés con ellos, automáticamente volverás a ser un niño y tus padres volverán a desempeñar su papel. Si tienes una relación difícil con tus padres, estar cerca de ellos te traerá recuerdos infelices y dolorosos del pasado. Es probable que te traten como siempre te han tratado. ¿Te criticaban de pequeño? Lo más probable es que sigan criticándote por las mismas cosas. ¿Tienes padres narcisistas? Es poco probable que hayan cambiado mucho.

La relación con nuestros padres no cambiará hasta que nosotros cambiemos.

En este libro, te animo a iniciar el cambio. No importa quién tenga razón o quién esté equivocado. Sé una presencia amorosa para ti mismo en lugar de esperar a que tus padres o cualquier otra persona te proporcionen el amor y la aprobación que buscas. Cuando aceptamos que nuestros padres nunca serán como queremos que sean, podemos dejar de buscar su amor y su aceptación de ellos y nuestro corazón se sentirá aliviado. Que nos quieran o no ya no dependerá de nuestros padres. Querernos a nosotros mismos se convierte en nuestra responsabilidad, y esto es algo que todos podemos hacer porque somos la fuente del amor.

A diferencia de los países occidentales, en Asia la gente suele vivir con sus padres hasta que se casan y forman su propia familia. Por eso, al ser asiático, estoy agradecido por haber tenido muchas oportunidades de resolver conflictos con mis padres. Mi relación con ellos ha mejorado mucho. Antes creía que no me querían. Pero después de aclarar nuestros malentendidos y de vivir con ellos durante tantos años, ahora aprecio más su amor por mí y he encontrado la forma de conectar con ellos. Puede que no me den el tipo de amor que busco, pero les agradezco que me quieran a su manera especial.

Al igual que en mis otros libros, la mayoría de las ideas que aquí se exponen proceden de mis propias experiencias y observaciones. Si buscas algo técnico, complejo o ampliamente investigado, puede que este libro no sea adecuado para ti. Pero si quieres aprender más sobre la autoexploración y la reflexión, este libro te será de gran valor.

Uno de los mayores obstáculos para la autocompasión es la relación con nuestros padres. Espero que este libro te proporcione la capacidad de resolver tus conflictos de la infancia y vivir en paz con tu familia y con el resto de la humanidad.

Con mucho amor,
Yong Kang Chan
Singapur, 2018

Introducción

Huyendo de mis padres

«Empecé a huir cuando tenía cinco años. No fue hasta que fui adulto cuando me di cuenta de que lo que realmente quería era que alguien viniera detrás de mí cuando me escapaba.»

WILLIE AAMES

Hubo un periodo en el que vivir en casa era insoportable. Quería irme y encontrar un lugar donde pudiera evitar a mis padres, aunque eso significara tener que alquilar una habitación y convivir con extraños.

Sin embargo, pronto me di cuenta de que esto me creaba un estrés innecesario. Tenía que ganar dinero rápidamente para poder permitirme un lugar donde vivir, pero los ingresos no llegaban lo suficientemente rápido y acabé tomando algunas decisiones precipitadas por el camino. También hizo que no disfrutara de lo que me gusta hacer.

Mis padres no son «malos» padres. Yo solo quería que fueran un poco más comprensivos y solidarios, y un poco menos críticos y controladores. Esperaba que me aceptaran por lo que soy y que me dieran la libertad de ser yo mismo, especialmente en lo referente a la elección de mi carrera.

Dejar mi trabajo de contable en Singapur para dedicarme a la animación gráfica en Malasia hizo mella en nuestra relación, especialmente con mi padre. Incluso ahora, no entiende por qué dejé un trabajo adecuado y estable en contabilidad para dedicarme a un «hobby» como la animación. Cuando el trabajo de animación no resultó ser lo que yo había imaginado, volver a casa fue duro y humillante. En el fondo de mi mente, oía constantemente a mis padres repetir: «Te lo dijimos».

Incluso cuando empecé a trabajar como profesor y a escribir por las mañanas, mis padres aún me lo decían de vez en cuando:

- No sabes pensar en el futuro.
- Escribir ni siquiera te hace ganar dinero.
- A estas alturas ya podrías haberte convertido en gerente y tener una casa si hubieras seguido en tu trabajo.
- No hay pensión de jubilación para los autónomos.
- Tu tía está triste porque ya no trabajas.

No quería enfadarme con mis padres, pero escuchar estos comentarios me dolía mucho. No quería que pensaran que había algo malo en mí: por qué no podía ser como los demás, o por qué seguía viviendo en casa y no trabajaba. A veces, incluso cuando los comentarios no iban dirigidos a mí, me sentía irritado. Mi hermano mayor también trabaja en casa como ilustrador. Cada vez que oía a mis padres hablar negativamente de lo que hacía o le culpaban de haberme influido para que dejara mi trabajo, una parte de mí gritaba por dentro: «Él no me influyó para que escribiera. ¡Tomé mi propia decisión!»

¿Por qué no me dejan ser yo mismo?

¿Por qué no lo entienden?

¿Por qué no apoyan y aprueban mi elección de carrera?

Cuanto más lo pensaba, menos quería estar cerca de ellos.

Cuando éramos niños, creíamos que cuando creciéramos tendríamos el poder y la libertad de tomar nuestras propias decisiones y hacer lo que quisiéramos. Pero ahora, como adultos, ¿cuántos de nosotros seguimos dejando que las opiniones de nuestros padres influyan en nuestras decisiones y afecten a nuestros sentimientos? ¿Cuántos de nosotros seguimos desempeñando el papel de niños en relación con ellos?

Puedes dejar de vivir con tus padres, pero eso no resolverá tus problemas.

Pensé que evitando a mis padres y estando lejos de ellos, podría tener libertad y vivir una vida tranquila. Pero me equivoqué. Cuando estuve en Malasia trabajando como animador durante seis meses, me di cuenta de que, por muy lejos que estuviera, una parte de mí anhelaba su aprobación como si todavía tuviera cinco años. Una parte de mí estaba resentida porque no me apoyaban.

Quería que me quisieran como yo quería que me quisieran. Quería que me apoyaran, que fueran comprensivos y empáticos.

Sin embargo, finalmente me di cuenta de que esta fantasía mía nunca iba a suceder, y pensar que no iba a suceder evitó que me quedara atrapado en un bucle eterno de melancolía y decepción. Empecé a comprender que no podía esperar que ellos me proporcionaran afirmación y aprobación. Para mejorar mi relación con mis padres, tenía que cambiar. Necesitaba darme permiso y aprobación a mí mismo para hacer lo que quería hacer. Si mis padres no podían quererme como yo quería que me quisieran, entonces tendría que aprender a quererme a mí mismo.

Cuando me convertí en un adulto «de verdad» y dejé de buscar la aprobación de mis padres, dejé de lado mis expectativas poco realistas sobre lo que podían hacer por mí. Dejé de intentar forzarles a aceptar mi trayectoria profesional y ya no tuve que explicarles por qué escribo libros y enseño a estudiantes. Simplemente hago lo que me hace feliz. Al ver que me mantengo firme en la elección de mi carrera, y sabiendo que no pueden hacer nada para cambiar mi decisión, ya no sienten la necesidad de hablar de mi trabajo ni de intentar persuadirme.

Cuando acepté que mis padres no podían aprobar la elección de mi carrera, mi relación con ellos se equilibró. Antes, cuando me resistía a su no aceptación, creaba mi propio sufrimiento. Ahora que he resuelto mi parte del problema, me siento feliz de permanecer con mis padres y ya no tengo el deseo de huir de ellos.

Sobre este libro

Cuando tenía diecisiete años, leí mi primer libro de autoayuda. No recuerdo el título, pero sí uno de los ejercicios que incluía. Primero, imagina que tu yo más joven está sentado frente a ti y tiene un problema. Se supone que debes animar y aconsejar a este yo más joven basándote en la experiencia que has acumulado a lo largo de los años. Cuando estás delante de tu yo más joven, es más fácil que éste hable sobre sus miedos y deseos, y aporte soluciones. Este ejercicio puede ayudarte a resolver algunos de los problemas que arrastras desde que eras un niño.

Quiérete como nunca te han querido comparte algunas de esas ideas.

Sin embargo, en lugar de centrarnos únicamente en nuestro yo más joven, nos centraremos en dos aspectos de la mente: el «niño interior» y el «padre interior». En este libro, exploraremos cómo reconciliarlos para que puedan trabajar en equipo. Este concepto es algo parecido a la terapia de los Sistemas de la Familia Interna (IFS por sus siglas en inglés), que consta de tres partes principales: exiliados, gerentes y bomberos. Sin embargo, no soy un terapeuta formado y no utilizaré el marco de los IFS aquí. Si te interesa, puedes leer más sobre los IFS: *La terapia del Self: Una guía paso a paso para crear plenitud y sanar tu niño interior utilizando IFS, una psicoterapia nueva e innovadora* de Jay Earley.*

La información que comparto en este libro se basa en lo que

---

* Editorial Eleftheria, Barcelona, 2017.

conozco intuitivamente y utilizo para mí mismo. Puedes adaptarla de la manera que mejor se adapte a tu situación. Lo más importante es que este libro habla sobre la atención plena. Sin la práctica de la atención plena y la comprensión de que no somos nuestra mente, podemos dejarnos llevar por nuestras emociones y quedar atrapados en los recuerdos del pasado. Para mí, la atención plena significa simplemente centrarse en el momento presente y ser consciente y prestar atención a mis pensamientos, emociones y sensaciones corporales. La atención plena puede practicarse en cualquier lugar, incluso mientras comes. Ser consciente es un estado mental que cualquiera puede alcanzar con la práctica.

La atención plena también puede considerarse una forma de meditación, pero sin las formalidades de sentarse en un cojín con las piernas cruzadas y repetir un mantra específico, aunque yo me siento todas las mañanas a meditar de manera más formal.

Este libro es adecuado para cualquier persona que haya tenido una infancia traumática o insatisfactoria. Si tienes el deseo insatisfecho de ser amado por tus padres, o te sientes insensible hacia ellos, este libro puede ayudarte a encontrar la paz dentro de ti.

Puedes aprender a ser tu propio padre
cariñoso y solidario.

No importa si tus padres están muertos o vivos. Si hay algo

que no hicieron por ti en el pasado, puedes aprender a hacerlo por ti mismo.

En la primera parte del libro, llegarás a comprender que la relación padre-hijo no es sólo externa. También incluye la relación entre el niño interior y el padre interior. También hablaremos de por qué estos dos aspectos de nosotros mismos no están en equilibrio y cómo puede afectarnos esto. En la segunda parte del libro, trabajaremos sobre el padre interior, ayudándolo a crecer y a convertirse en un mejor padre para nuestro niño interior. Por último, ayudaremos al niño interior a descubrir y sanar su dolor emocional profundo.

De nuevo, como soy profesor, comparto muchas ideas procedentes de mis interacciones con estudiantes y padres. Así que he cambiado los nombres de las personas que se mencionan en este libro para proteger su privacidad.

Empecemos por entender la compleja relación entre padres e hijos, y cómo se mantiene viva en nuestras mentes.

PRIMERA PARTE

Comprender la relación entre padres e hijos

1

Hay un yo niño y un yo padre dentro de ti

«Porque en todo adulto habita el niño que fue, y en todo niño reside el adulto que será.»

John Connolly, *El libro de los perdidos*

A menudo, cuando mi instinto me envía información vital, lo apago. A finales de 2017, volví a trabajar en mi anterior empresa para cubrir el puesto de trabajo de una compañera mientras estaba ausente por motivos médicos, pero yo tenía sentimientos encontrados al respecto.

Al principio, quise rechazar la oferta. Mi instinto me gritaba «no» mientras mi jefe me explicaba por teléfono en qué consistía el trabajo. Nunca he disfrutado de verdad haciendo cuentas y me sentía desmotivado ante la idea de volver a hacer ese tipo de trabajo.

Y, lo que es más importante, sabía que volver a aquella empresa turbaría la paz que había construido con mis padres hasta entonces. Llevaba dos años trabajando por cuenta propia como profesor particular y desde hacía unos meses mis padres habían dejado de hablar de mi trayectoria profesional. Aceptar este trabajo a tiempo parcial en mi antiguo campo sólo les recordaría que no estaba trabajando a tiempo completo en un empleo estable y que no ganaba tanto como ellos creían que debería.

¿Volverían a regañarme mis padres? No, gracias.

Sin embargo, tras la persuasión del interventor de la empresa, cedí. Además, había otra parte de mí que quería decir «sí». Había estado trabajando por debajo de mi capacidad durante todo el año y los ingresos extra me ayudarían a pagar algunos de los costes de publicación de mis futuros libros. No sólo eso, tengo una buena relación con mis anteriores colegas, así que me sentía obligado a ayudarles por buena voluntad. También pensé que cualquier persona enferma merece tomarse un respiro y descansar. Hay que estar tranquilo cuando estás de baja en un trabajo. Aun así, a veces mi empatía hacia los demás y mi incapacidad para decir «no» me causan problemas, como cuando acepto cosas de las que luego me arrepiento.

Tal y como había previsto, en menos de dos semanas después de volver a mi antiguo puesto, mis padres volvieron a sacar el tema de mi trayectoria profesional. Al principio, estaba bastante enfadado con mi padre porque no paraba de meterme prisa para que llegara puntual al trabajo aunque no fuera a llegar tarde. Además de que tenía que escribir, una de las razones por las que pedí trabajar por la tarde era porque no quería que mi padre me acompañara al trabajo por la mañana. Pensé que si no me llevaba a la oficina, no tendría la oportunidad de meterme prisa. Por lo visto, me equivocaba. Su instinto de supervisión es tan fuerte que sintió la necesidad de decirme que saliera temprano de casa, aunque no tuviera ni idea de cuál era mi hora de entrada. Afortunadamente, el regaño cesó cuando le recalqué que era puntual, que me sentía muy estresado en el trabajo y que sus constantes recordatorios no me estaban ayudando.

Después de que me entregaran las tareas y de que mi colega se fuera a su descanso médico, empecé a sentir la presión. La mayoría de los días, incluidos los fines de semana, lo primero que pensaba al despertar era en los plazos que debía cumplir. Aunque sólo trabajaba cuatro horas al día, el trabajo ocupaba todo mi espacio mental durante la jornada. No podía dejar de pensar en las tareas que tenía que hacer y en cómo hacerlas. Era tan grave que, un día, durante el almuerzo, mis manos empezaron a temblar involuntariamente.

Me costaba concentrarme en mi trabajo debido a la ansiedad que experimentaba. Y lo que es peor, mi mente no dejaba de quejarse mientras trabajaba. Cada vez que me encargaban una nueva tarea, mi mente se rebelaba por ello: «Este trabajo es un asco. No deberías haber aceptado volver y cubrir estas tareas. El dinero no vale tu tiempo y esfuerzo. Podrías haberte quedado en casa para trabajar en tu próximo libro». Afortunadamente, pude calmar rápidamente mi mente con prácticas de mindfulness, aunque sentía una oleada constante de ira y resentimiento surgiendo dentro de mí.

La relación con nuestros padres
sigue viviendo en nosotros.

Una mañana, durante mi rutina de meditación diaria, empecé a llorar. No era por el estrés. Tampoco era autocompasión. Era la constatación de que a menudo ignoro la vocecita que hay en mi interior y que se muere por ser escuchada, la misma voz que oía a menudo cuando era niño.

Cuando era pequeño, a menudo me sentía desatendido por mi familia y mis compañeros. Al ser callado e introvertido, a veces la gente no me escuchaba o no entendía lo que quería decir. También me resultaba difícil llamar la atención de los demás porque todos eran más ruidosos y hablaban más que yo.

Hubo un periodo, sobre todo en la escuela secundaria, en el que tuve problemas para hacer amigos y llevarme bien con mis compañeros. Le dije a mi padre que quería cambiar de colegio. Pero en lugar de escuchar mis razones, me dijo que a mi hermano mayor le iba bien en el mismo colegio y se preguntaba por qué yo tenía que ser diferente. En ese momento, yo esperaba que mi padre expresara más empatía, pero no lo hizo, y me di cuenta de que tenía que aguantarme y lidiar con mis problemas por mi cuenta.

También desarrollé el hábito de complacer a los demás, de forma parecida a lo que hace mi madre. Muchas veces lo hacía a costa de mis propias necesidades. Para evitar conflictos, a menudo me encontraba diciendo «sí» a cosas que realmente no quería hacer. Me recordaba a la época en que tenía once años y me di cuenta de que el delegado de mi clase estaba haciendo trampas en un examen. Sentí que estaba siendo injusto con los otros estudiantes, así que escribí una carta sobre ello y planeé dársela a mi profesor. Pero cuando le conté a mi madre lo que iba a hacer, me dijo que no causara problemas y que arruinaría la relación que tenía con el delegado de la clase. De niño me enseñaron a empatizar con los demás, pero también a ser complaciente y no crear conflictos. Pero, por desgracia, esto significó que también me crie creyendo que las necesidades de los demás eran más importantes que las mías. Ahora, de adulto, me resulta difícil hacerme valer y satisfacer mis propias necesidades.

Durante esa sesión de meditación, por primera vez, pude ver a mi niño interior y empatizar con él. Había estado ignorando su existencia, sin prestar atención a lo que tenía que decir. Cuando mi instinto me gritó «no», podría haber dedicado algo de tiempo a reconocer lo que sentía y examinar por qué. En cambio, a menudo estoy de acuerdo con los demás sin tener en cuenta mis sentimientos más profundos. Cuando me meto en problemas, siempre me digo que no volveré a hacer lo mismo. Pero, una y otra vez, cometo el mismo error de no escuchar los mensajes que me envía mi niño interior.

Me di cuenta de que, aunque tengo una personalidad muy diferente a la de mis padres, la forma en que trato a mi niño interior no es diferente de cómo me trataban mis padres a mí. He adoptado inconscientemente algunas creencias y hábitos de mis progenitores. Es como si siguieran viviendo dentro de mí.

El niño interior y el padre interior

En mi libro *El hábito de la incredulidad*, escribí sobre las distintas voces que hay en la cabeza de cada persona. En psicología se denominan «subpersonalidades». La mente se subdivide en diferentes partes, y cada una de ellas tiene su propio propósito, con el fin de ayudarnos a afrontar diferentes situaciones. En ese libro, me centré en la voz crítica conocida como el «crítico interior». En este, voy a introducir otras dos subpersonalidades: el niño interior y el padre interior.

Antes de empezar, ten en cuenta que puedes llamar a estas dos subpersonalidades como quieras. De hecho, yo llamo a mi niño interior «mi niño». Los nombres que doy a las subpersonalidades en este libro son arbitrarios. La mente es compleja y no es necesario definir todas las subpersonalidades que tu mente ha creado. También es imposible hacerlo, porque a veces no hay una distinción clara entre las distintas partes. Algunas subpersonalidades pueden superponerse a otras. Por ejemplo, a tu crítico interior también se le puede llamar «padre interior», si tratas a tu niño interior de forma crítica. Elijo la palabra «padre» porque es neutra, algo con lo que todo el mundo puede identificarse, y no describe un tipo determinado de progenitor.

En esencia, todas las subpersonalidades son sólo una parte de la mente. El hecho de etiquetar las diferentes partes es sólo a título ilustrativo y su fin es el de mostrarte cómo funciona la mente y ayudarte a ser más consciente de su influencia en tus acciones y comportamientos.

El niño interior

Muchas personas son conscientes de su crítico interior, pero no lo son tanto de su niño interior. Si tienes un crítico interior que no deja de machacarte y te sientes herido por ello, ¿qué parte de ti está siendo criticada y sintiendo el dolor? Esta subpersonalidad es el niño interior.

> *Nuestro niño interior almacena nuestros recuerdos*
> *y el dolor emocional, como lo haría un niño.*

La mayoría de nosotros sólo podemos recordar los acontecimientos más importantes de nuestra infancia. Tendemos a dejar de lado a nuestro niño interior cuando crecemos y desarrollamos nuestra identidad como adultos. Sin embargo, los sentimientos dolorosos no resueltos que arrastramos desde la infancia siguen residiendo en nuestros recuerdos y en nuestro cuerpo, seamos conscientes de ellos o no.

Piensa en una ocasión reciente en la que alguien haya dicho algo sobre ti que te haya provocado una reacción emocional. O bien te sentiste molesto o enfadado por ello, o experimentaste alguna sensación corporal incómoda como resultado de lo que dijeron. Pregúntate a ti mismo: «¿Por qué estoy tan convencido de que tiene razón?» Si racionalmente sabes que la otra persona está equivocada, ¿por qué tienes esa reacción? Esto se debe a que una parte de ti (el niño interior) está convencido de que la otra persona tiene razón. Nuestras mentes fabricaron creencias sobre nosotros mismos cuando éramos jóvenes y, como adultos, nos aferramos a estos sentimientos hirientes.

Como adulto, puedes saber que la crítica no es cierta. Pero desde la perspectiva de tu niño interior, sigues creyendo que sí lo es. Pregúntate a ti mismo: «¿Cómo te sentías de niño cuando tus familiares más cercanos te llamaban vago, estúpido o inútil? ¿Cómo te sentías cuando tus padres estaban ocupados con su trabajo y no te prestaban la atención que deseabas?»

Cuando éramos niños, no entendíamos por qué nuestros padres nos trataban como lo hacían, y asumíamos la culpa. Si no había nadie que nos ayudara con nuestras emociones, no podíamos aprender a gestionar o manejar la vergüenza, la ira ni el miedo. Así que arrastramos estas emociones no resueltas hasta la edad adulta, olvidando que una vez nos hirieron de niños.

Si tienes dificultades para tomar conciencia de tu niño interior en este momento, no pasa nada. Mejorarás a medida que avances en la lectura de este libro.

El padre interior

Thich Nhat Hanh, un monje budista zen, dijo una vez: «Si miras atentamente la palma de tu mano, verás a tus padres y a todas las generaciones de tus antepasados. Todos ellos están vivos en este momento. Cada uno está presente en tu cuerpo. Tú eres la continuación de cada uno de ellos».

El padre interior es una subpersonalidad que se parece a nuestros padres. Puede que te hayas dado cuenta de que muchas de tus palabras, ya sean elogios o críticas, no son más que una repetición de lo que solían decirte tu padre, tu madre o ambos. Tu niño interior arrastra heridas de tu infancia, y tu padre interior almacena las reglas sobre lo que se supone que debes o no debes hacer. Su función es proteger y alimentar a tu niño interior. Aunque no seas padre en la vida real, seguirás teniendo un padre interior. Desde pequeños, aprendemos de nuestros padres cómo protegernos del peligro y el sufrimiento, cómo manejarnos y navegar por el mundo, y qué personas y situaciones son buenas o malas para nuestro crecimiento y desarrollo, ya sea directa o indirectamente.

Nuestros padres son modelos de conducta.
De ellos aprendemos a ser padres.

Si tienes unos padres que se quieren a sí mismos y están ahí para ayudarte a superar los retos de la infancia, lo más probable es que hayas aprendido a cuidarte. Sin embargo, si tienes padres que no se quieren o que no estaban ahí cuando te enfrentaste a problemas difíciles, es posible que no sepas cómo protegerte cuando crezcas, porque no había nadie que te sirviera de modelo de comportamiento positivo.

Esto se ve comúnmente en las familias abusivas. Por lo general, uno de los padres es abusivo y el otro no hace nada para detener el abuso. En psicología, a este progenitor se le llama «facilitador». Él o ella permiten que el padre abusivo siga ejerciendo el abuso al no detenerlo. ¿De quién aprenden a protegerse los niños que crecen en estos entornos? ¿Del maltratador? ¿De la persona que hace valer su ira contra los demás? ¿O aprenden del facilitador, de la persona que permite el maltrato?

Cuando nuestros padres se dedican a complacer a los demás y son incapaces de satisfacer sus propias necesidades, aprendemos a desatender también las nuestras. No nos enseñan a defender nuestros derechos y a pedir ayuda cuando la necesitamos.

Buscamos a nuestros padres para que nos guíen, pero a veces lo que nos enseñan no es beneficioso, sino sólo reglas y rituales transmitidos por nuestros antepasados a través de las generaciones. Por ejemplo, cuando los padres les dicen a sus hijos que no lloren ni se enfaden, no están reconociendo los sentimientos de esos niños ni enseñándoles a gestionar sus emociones. Muchos de nosotros aprendemos a protegernos suprimiendo o negando nuestras emociones y nuestro niño interior. Pero esto sólo da lugar a más conflictos entre el niño interior y el padre interior. También puede dar lugar a problemas de salud.

Reconciliación de las dos subpersonalidades

Reconciliar al niño interior y al padre interior no consiste en cambiar al niño interior para que se adapte a las normas y creencias del padre interior. Esto es algo que la mayoría de nosotros ya sabemos hacer.

La mayoría de nosotros tenemos un padre interior que no se ocupa de las necesidades del niño interior como es debido. Se centra más en las necesidades del ego, como complacer a otras personas para sentirse necesario, o lograr el éxito y obtener el reconocimiento de los demás. Esto hace que el padre interior sea feliz durante un breve periodo de tiempo, que no dura mucho. Por eso, siempre tienes la sensación de no estar satisfecho, por mucho que consigas lo que quieres, porque las necesidades del niño interior no están cubiertas.

La relación entre padres e hijos es compleja. Algunos de nosotros podemos sentirnos un poco resentidos con nuestros padres. Puede que nos sintamos frustrados con ellos por ser tan controladores y críticos. Pero a la vez nos sentimos un poco culpables por tener estos sentimientos porque nuestros padres nos han criado y los queremos. Tener sentimientos encontrados hacia tus padres es bastante normal. Si tus padres siempre han ignorado tus necesidades, el resentimiento es inevitable.

Lo mismo ocurre con la relación entre el niño interior y el padre interior. Los que tenemos problemas para hacer valer las necesidades de nuestro niño interior, acabamos dirigiendo este resentimiento hacia nuestro padre interior, lo que da lugar a la autoculpabilización. El niño interior se siente enfadado y estresado porque se le obliga a hacer algo que no quiere o que cree que no puede. Culpa a su padre interior por ignorar sus emociones y ceder a las necesidades de otras personas y a los deseos de la sociedad.

En mi caso, mi niño interior no quiere volver a trabajar en contabilidad. A «él» no le gusta trabajar con plazos tan ajustados porque es estresante lidiar con una gran cantidad de información en un corto período de tiempo. Pero mi padre interior siguió adelante y aceptó el trabajo sin siquiera consultar al niño interior. El resultado de esta decisión precipitada fue un conflicto interno. El niño interior no dejaba de quejarse e interrumpir mi trabajo. «Él» creía que no podía cumplir los plazos, mientras que el padre interior creía que sí podía.

Sin embargo, no estoy diciendo que el niño interior tenga siempre la razón y haya que hacer lo que pide.

Ninguna de las dos subpersonalidades es correcta.

El niño interior también puede ser imprudente con sus deseos, pero hay que reconocer sus sentimientos. Hay que escuchar a ambas partes antes de tomar una decisión. Tanto el niño como el padre que llevas dentro necesitan ser escuchados para poder vivir en paz. Para mantener la paz interior, es importante reconciliar estas dos perspectivas diferentes. No puedes forzar ni apartar a ninguno de los dos. De lo contrario, uno de ellos será infeliz. Para eso está tu verdadero yo, el yo espiritual, la fuente del amor, para observar a ambos personajes y ejercer de parte neutral. Si hubiera actuado así, probablemente habría acabado aceptando el trabajo a tiempo parcial en mi ex empresa, pero al menos me habría detenido a escuchar el punto de vista de mi niño interior y a comprender cómo se siente «él».

No basta con sanar al niño interior. Nuestro padre interior también tiene que cambiar. Tiene que aprender a proteger y nutrir adecuadamente al niño interior y atender sus necesidades. Cuando nuestro padre interior no cumple con sus responsabilidades, nuestro niño interior sigue expuesto a eventos que desencadenan sufrimiento, y terminamos actuando inconscientemente debido a estos sentimientos, al igual que un niño.

2

Cómo afecta tu infancia a tu vida adulta

«Los padres son el máximo ejemplo para los niños. Cada palabra, movimiento y acción tiene un efecto. Ninguna otra persona o fuerza externa tiene mayor influencia en un niño que los padres.»

Bob Keeshan

Soy un fanático del reality *Survivor*, pero hay un episodio en *Survivor 30: Worlds Apart* que fue tan angustioso que casi no quise ver el resto de la temporada.

En la subasta de supervivientes, Sims II gastó 100 dólares para comprar un artículo oculto, sólo para descubrir que se había comprado a sí mismo y que lo enviaban de vuelta al campamento inmediatamente. Al llegar al campamento, sin embargo, encontró una pista que le llevó a descubrir una caja oculta con raciones de comida. Se le dio la opción de compartir esta información con los demás miembros de su tribu o guardársela para sí mismo, y decidió compartir la comida con todos.

Sin embargo, al sospechar que había más comida de la que Will había compartido, Shirin Oskooi y los otros dos náufragos comenzaron a difundir rumores de que Will podría haber escondido algo de comida para sí mismo. Más tarde, cuando Will se enteró por otra persona de que estaban cuestionando su integridad, se enfadó mucho. Empezó a arremeter contra Shirin, que era la única de los tres náufragos que estaba en el campamento en ese momento.

Las cosas se volvieron violentas cuando Will fue demasiado lejos e hizo algunos ataques personales a Shirin: «No le gustas a nadie. Puedo garantizar que nadie en casa en los Estados Unidos ahora mismo te echa de menos. Todos tenemos seres queridos que se preocupan por nosotros, pero tú no tienes nada. No tienes familia. No tienes alma».

Fue duro ver este enfrentamiento. Nadie merece ser atacado verbalmente de esa manera. Además, Shirin se quedó sentada y permitió que la atacaran. Podría haberse alejado cuando las cosas se calentaron, pero se sentó allí hasta que su aliado, Mike Holloway, volvió al campamento y se la llevó de allí. Más tarde, en el consejo tribal, Shirin reveló que su familia había sufrido mucho debido a la violencia doméstica. Antes de golpearla, su padre hablaba exactamente igual que Will. No tenía a nadie que la salvara. Viendo este episodio, era fácil empatizar con Shirin.

Pero, al mismo tiempo, ya no era la niña de la que abusaba su padre. Ya no estaba indefensa y tenía el poder de alejarse.

¿Por qué se quedó paralizada como si siguiera siendo la misma niña maltratada de antaño? ¿Por qué no se protegió?

A menudo nos comportamos como
si aún fuéramos niños.

Y esto no sólo le ocurría a Shirin. A mí me pasaba lo mismo. Aproximadamente medio año después de que se emitiera este episodio en particular, me encontré en una situación similar. Conocí casualmente a alguien que me menospreció y me dijo que era una mala persona. Aunque no me agredió verbalmente como lo hizo Will con Shirin, me quedé sentado y permití que la conversación continuara. Ni siquiera me defendí ni me alejé. Me quedé helado. Cuando volví a casa y pensé en este incidente me sentí asqueado.

Finalmente, me di cuenta de por qué me resultaba tan doloroso ver la escena entre Will y Shirin. Al verla, sentí que era yo quien estaba sentado allí. Y, al igual que Shirin, estaba siendo agredido por Will y no podía hacer nada al respecto.

Me acordé de todas las veces que no me amé lo suficiente como para enfrentarme o alejarme de los comentarios hirientes de los demás.

A pesar de lo perturbador que fue este episodio, nos hizo darnos cuenta, tanto a Shirin como a mí, de que las heridas de nuestra infancia todavía nos duelen y afectan a nuestras acciones. Aunque nos hayamos convertido en adultos, a veces seguimos comportándonos como niños, si no la mayor parte del tiempo. Todos tenemos hábitos y creencias que hemos aprendido y desarrollado desde la infancia, y seguimos dependiendo en gran medida de ellos.

Sin embargo, no todos somos conscientes de ello. Algunos de nosotros ya hemos olvidado nuestros recuerdos desagradables de la infancia, o creemos que los hemos superado. Creemos que tenemos un control total sobre nuestro comportamiento, pero no nos damos cuenta de que muchas de nuestras acciones siguen siendo dictadas inconscientemente por nuestras experiencias y traumas infantiles. Nuestro niño interior recuerda y almacena el dolor. Sin embargo, el dolor es reprimido por nuestro padre interior para protegernos del sufrimiento.

En este capítulo, ampliaremos nuestra conciencia al descubrir cuatro de los efectos más comunes que nuestra infancia puede tener en nosotros.

Sus normas siguen siendo las mismas

Si comparas tus normas actuales con las que tenías de niño, ¿cuánto han cambiado? ¿Sigues utilizando las mismas normas?

Las personas cuyos padres actuaban de forma abusiva, crítica o controladora, a menudo se encuentran en situaciones similares con otras personas. Cuando éramos niños, éramos demasiado débiles para protegernos del sufrimiento. Nuestros padres determinaban nuestras vidas y tomaban decisiones en nuestro nombre. No había mucho que pudiéramos hacer cuando éramos niños, excepto tratar de encontrar una manera de afrontar la situación.

Aunque afrontarlo nos ayudó a sobrevivir a la infancia, algunos de nosotros aceptamos estos comportamientos como normales inconscientemente. Nos resulta difícil abandonar las relaciones insanas porque estamos tan acostumbrados a sobrellevarlas que hemos desarrollado una gran capacidad para tolerar el mal comportamiento de los demás. Puede que ni siquiera sepamos que hay algo malo en nuestras relaciones hasta que son insoportables. A diferencia de las personas que no tienen esas experiencias negativas en la infancia, somos más propensos a conformarnos con relaciones indeseables y a permanecer en ellas más tiempo del que deberíamos.

Nuestro padre interior no creció.

Hemos crecido en altura y tamaño. Como adultos, somos capaces de protegernos del sufrimiento, pero eso no significa que nuestro interior haya cambiado. Nuestro padre interior sigue utilizando las mismas reglas que adoptó hace muchos años para guiar al niño interior. La mayoría de nosotros no hemos actualizado esta norma interna, por lo que nos relacionamos con los demás de la misma manera que antes nos relacionábamos con nuestros padres, y permitimos que nuestro niño interior salga herido repetidamente.

En mi caso, estoy tan acostumbrado a mantener la paz y a no discutir con mi padre (que es justo lo que hacía mi madre) que me vuelvo automáticamente sumiso cuando alguien me critica. Nunca se me pasa por la cabeza hacer valer mi propia opinión, defenderme o alejarme cuando alguien me menosprecia. Mi padre interior se queda sentado y permite que quienquiera que sea destroce a mi niño interior como si no pasara nada. Este es el comportamiento estándar que ha adoptado mi padre interior. Esta actitud no sólo afecta a mi relación con mis padres, sino que también influye en las relaciones que tengo con todos los demás.

¿Te ocupas bien de tus propias necesidades? ¿Te resulta fácil dar pero difícil recibir? Si tienes un deseo constante de complacer a los demás y buscar su aprobación, comprueba si uno de tus padres, o ambos, también tienen esas tendencias. Es posible que tus normas de comportamiento sean una copia de las de ellos.

Tus padres influyen en tus decisiones

¿Te has preguntado alguna vez por qué los alcohólicos suelen tener padres alcohólicos? ¿O por qué los adultos que son abandonados de niños suelen sentirse atraídos por parejas narcisistas?

Como adultos, sabemos que algunas elecciones son malas para nosotros, pero aun así las hacemos. Un niño con un padre que muestra comportamientos compulsivos, como abusar del alcohol, el juego o la comida, tiende a adoptar los mismos hábitos cuando se hace adulto. Los niños miran a sus padres en busca de orientación e imitan su forma de afrontar los retos y las emociones. Si no están expuestos a formas saludables de afrontar sentimientos difíciles, como el estrés y la ira, durante la infancia, es probable que utilicen los mismos mecanismos que sus padres.

Las experiencias de nuestra infancia también influyen en la elección de la pareja. Tendemos a buscar parejas que se parezcan a nuestros padres. Esto se debe en parte a la familiaridad. La otra razón es que proyectamos la imagen de nuestros padres en nuestras parejas. Por ejemplo, los niños que se sienten abandonados por sus padres suelen buscar parejas frías y distantes, aunque haya muchas otras parejas potenciales que sean cálidas y generosas. Queremos satisfacer nuestras necesidades emocionales, pero acabamos eligiendo a alguien que no nos presta la atención que deseamos, como hacían nuestros padres. Tenemos el deseo inconsciente de conseguir que nuestra pareja cambie y nos ame de la forma en que queremos ser amados para satisfacer las necesidades y fantasías insatisfechas de nuestro niño interior. Cuando éramos niños, siempre soñábamos con lo bonito que sería que nuestros negligentes padres nos prestaran algo de atención. Cuando crecemos, proyectamos esta fantasía en nuestras parejas.

Cuanto menos desees ser como tus padres,
más te parecerás a ellos.

Algunos juramos que nunca seremos como nuestros padres. Queremos ser todo lo contrario a ellos. Pero nuestra decisión sigue estando influida por sus acciones y su falta de acción. Así que, en esencia, seguimos utilizando los comportamientos de nuestros padres como punto de partida para construir nuestros valores.

En mi caso, yo no quería ser tan materialista como mi padre, ni quería ser descuidado con el dinero como mi madre. Así que, al crecer, quería apostar por mi pasión en lugar de por el dinero, y a la vez ser extremadamente cuidadoso con el que ganaba. Pero al final, cuanto menos me importaba ganar dinero, más me preocupaba no tenerlo. Además, me di cuenta de que, aunque ahorraba en pequeñas compras, tendía a hacer grandes gastos impulsivos y a malgastar mucho dinero en cosas innecesarias. Irónico, ¿verdad? Cuanto menos quieres algo en tu vida, más te controla.

Cuando detestas a tus padres o no te gustan ciertos rasgos de su manera de ser, en realidad les estás prestando mucha atención y dirigiendo tu energía hacia ellos. Ocupan tu espacio mental, así que es imposible que esto no afecte a tus decisiones en la vida.

Autosabotaje

Shane es uno de mis alumnos y no tiene motivación para estudiar. Después de hablar con él durante unas semanas, me di cuenta de que tiene un conflicto interior. Una parte de él (el padre interior) quiere estudiar y seguir los deseos de sus padres, pero también hay una parte de él (el niño interior) que quiere rebelarse y no hacer bien los exámenes. Su conflicto interior se asemeja al que tiene con sus padres.

Shane es un niño activo y tiene TDAH. Le gustan los deportes, sobre todo el baloncesto. Pero su madre quiere que estudie mucho y trabaje en una oficina. Shane no se siente motivado para estudiar porque sacar buenas notas significa que acabará en un trabajo administrativo, algo que no quiere. No es la primera vez que se siente así. Cuando terminó la escuela primaria, los exámenes no le fueron nada bien, pero aun así sus padres le obligaron a entrar en una escuela muy exigente, aunque su puntuación apenas le permitía acceder a ese colegio. Shane me dijo que se arrepentía de haber hecho los exámenes tan bien, y que si hubiera sacado uno o dos puntos menos, ahora no tendría que enfrentarse a tanta presión.

En su mente tenía todas las razones necesarias para sabotearse a sí mismo. Si suspendía el examen, sus padres no podrían obligarle a trabajar en la oficina y él podría hacer lo que quisiera. Por ello, decidió no prestar atención en clase y no se esforzaba por estudiar.

Puede que pienses que es una tontería que Shane pensara así. Pero él no era consciente de que una parte de él estaba saboteando su esfuerzo hasta que hablamos de ello. Simplemente pensaba que era perezoso y que no tenía interés en estudiar.

La mayoría de nosotros no somos conscientes de nuestro autosabotaje.

Al igual que nuestros padres, nuestro padre interior sabe o cree saber lo que es bueno para nosotros, pero a menudo el niño interior sabotea nuestros esfuerzos en secreto cuando sus necesidades no son satisfechas o reconocidas, y nadie le ayuda a lidiar con su dolor y su sufrimiento. Sabiendo que el padre interior no aprobará sus acciones, el niño interior actúa discretamente a través de nuestro subconsciente sin ser descubierto por el padre interior. Así es exactamente como los niños pequeños evaden el castigo cuando consiguen satisfacer sus deseos. Lo hacen cuando los padres no se dan cuenta.

De vez en cuando, podemos experimentar un estallido de ira inusual, y nos sentimos sorprendidos por ello. Queremos a alguien y sabemos que esa persona nos quiere, pero de alguna manera sentimos que no podemos comprometernos con la relación ni confiar en ella. Procrastinamos y nos resistimos a hacer lo que se espera de nosotros, pero no entendemos por qué nos sentimos tan desmotivados. Incluso una tarea sencilla que sabemos que somos capaces de completar puede hacer que nos sintamos irrazonablemente ansiosos y temerosos.

Si esto está ocurriendo en tu vida, quizá quieras examinar si tu niño interior está saboteando tus esfuerzos en secreto. No necesita estar en el primer plano de tu conciencia para conseguir lo que quiere.

Autopercepción

En mi tercer libro, *Vacía tu taza*, expliqué que nuestros padres suelen ser las primeras personas de las que derivamos nuestro sentido del yo. Muchos de nosotros crecimos adoptando los puntos de vista de nuestros padres sin darnos cuenta de que eran sus puntos de vista, no necesariamente los nuestros. Doy clases de matemáticas a niños pequeños, y cada vez que les oigo decir algo negativo sobre sí mismos, sé que sus padres o alguien cercano les está diciendo exactamente lo mismo.

Por ejemplo, una vez di clases a una chica que siempre utilizaba la pereza como excusa para no hacer su trabajo. Lo cierto es que, cuando hablé con su madre, lo primero que me dijo fue que su hija era muy perezosa y que necesitaba las clases particulares para ganar disciplina. En el fondo, yo me preguntaba: «¿Es perezosa porque nació así o porque su madre le ha dicho tantas veces que lo es que ahora cree que es un rasgo de su personalidad?» La madre en realidad es una persona cariñosa y compasiva. Pero cuando utiliza esos calificativos para explicar el mal comportamiento de su hija, sin darse cuenta fomenta que sea perezosa.

Por supuesto, no todos los niños afrontan las críticas de la misma manera. El efecto psicológico de las críticas en los niños depende de su reacción. Algunos niños optan por defenderse o culpar a otros de sus problemas en lugar de sentirse heridos. En general, depende de nuestra interpretación de la situación. Pero es innegable que la forma en que nuestros padres nos ven puede afectar a nuestra autopercepción hasta cierto punto. Cuando eras un niño y tus padres te repetían las mismas cosas (y no tenías a nadie con quien contrastar sus opiniones) es muy probable que aceptaras el punto de vista de tus padres.

El niño interior almacena y acumula creencias
negativas sobre sí mismo, que luego utiliza como
razones que refuerzan el autosabotaje.

- ¿Por qué he vuelto a perder los nervios? Soy débil. Necesito mostrarles que soy fuerte y no un pusilánime.
- ¿Por qué no puedo confiar en mi posible pareja? Nadie me amará cuando me conozca.
- ¿Por qué procrastino? Soy una persona perezosa.
- ¿Por qué me pone nervioso este trabajo? Tal vez no puedo hacerlo porque no soy lo suficientemente bueno.

Nos saboteamos a nosotros mismos porque estamos muy acostumbrados a creer en las falsas autopercepciones que hemos desarrollado y creído desde la infancia.

Aunque seamos adultos, nuestra infancia sigue afectando a nuestras normas, nuestras elecciones, nuestras acciones y nuestro sentido del yo. Muchos de nosotros intentamos cambiar el entorno y nuestras relaciones para que se ajusten a nuestra visión del mundo. Intentamos cambiar a nuestros padres y a nuestras parejas para conseguir el amor y la aprobación que necesitamos. Pero, a menudo, es más fácil y eficaz mirar dentro de nosotros mismos y reparar la relación insana de nuestro padre y nuestro niño interior.

3

Equilibrar el poder interior

«No necesitamos magia para transformar nuestro mundo. Ya llevamos todo el poder que necesitamos dentro de nosotros.»

J. K. ROWLING

«Tú no me hagas caso y ya verás», dijo mi padre, después de decirle que me iba a Taiwán. Luego me colgó el teléfono. Hace diez años, después de graduarme en la universidad, mis amigos y yo estábamos entusiasmados con nuestro viaje de graduación a Taiwán. Sería mi primer viaje al extranjero. Durante los últimos veinticuatro años, nunca había salido de Singapur, y no podía esperar a ver y experimentar otro país y su cultura. Pero al mismo tiempo, tenía miedo de contárselo a mi padre. Había tanteado el terreno en casa antes de reservar los vuelos y el alojamiento con mis amigos, y no le había parecido bien.

Hasta entonces, mis padres habían viajado solos al extranjero un par de veces, pero nunca nos habían llevado a mis hermanos y a mí. Mi padre tenía un miedo irracional a que toda la familia muriera en un accidente de avión, y si eso ocurría no habría nadie que transmitiera la línea familiar. A él mismo no le gustaba ir en avión, y rara vez viajaba.

«Pero acabará estando de acuerdo, ¿no?» Pensé para mí mismo. No voy a viajar con el resto de mi familia. Además, mis hermanos ya fueron al extranjero para hacer el servicio militar, así que estoy seguro de que no le importará.

Después de ver cómo mis amigos llamaban a sus padres y obtenían permiso para hacer el viaje, me armé de valor y llamé a mi padre.

Nunca esperé que se enfadara tanto como para colgarme el teléfono. Mi corazón se rompió cuando escuché sus palabras: «Tú no me hagas caso y ya verás».

Suelo sentirme bastante incómodo al lidiar con la ira de otra persona, especialmente la de mi padre. Pero esa misma noche protesté y le pregunté por qué a mis hermanos se les permitía ir al extranjero y a mí no. Me dijo que el viaje había sido obligatorio para ellos porque cumplían con su deber hacia la nación. En mi caso, el viaje que proponía era recreativo y no una necesidad.

Su razonamiento no tenía mucho sentido. ¿Quería decir que no podría viajar durante el resto de mi vida a menos que el gobierno o mi jefe me obligaran? Aunque soy obediente, ya había pagado los vuelos y el alojamiento y les había dicho a mis amigos que iba a ir con ellos. De ninguna manera iba a pedir un reembolso y decepcionarlos. Además, ya tenía veinticuatro años y debía poder tomar mis propias decisiones.

Así que, a pesar de su desaprobación, decidí que tenía que ir a Taiwán.

Decidí que tenía que desobedecer.

Siempre somos niños a los ojos de nuestros padres.

Buscando a Nemo es una de mis películas de animación favoritas de todos los tiempos. Además de los interesantes personajes y el humor, me recuerda la relación con mi padre. La historia trata de un pez payaso llamado Marlin que es muy protector con su hijo, Nemo. Durante la escena inicial, vemos por qué Marlin tiene miedo de salir al océano. Ha perdido a su mujer y sus huevos durante el ataque de una barracuda. Para él, el océano es peligroso. Además, Nemo tiene una aleta rota y no sabe nadar muy bien. Por eso advierte constantemente a su hijo del peligro del océano. El primer día de clase, enfadado por cómo lo controla su padre, Nemo nada hacia el océano para tocar un barco sólo para fastidiar a su padre. Luego es atrapado por un buceador y enviado a la consulta de un dentista lejos de su casa. El resto de la película describe el viaje de Marlin para encontrar a su hijo.

Me identifico con Nemo porque yo también tengo una «aleta rota» y un padre sobreprotector. Cuando tenía ocho años, tuve epilepsia. Mi padre tuvo que llevarme al hospital y durmió en una cama plegable a mi lado. Sé lo mucho que se preocuparon mis padres. Pero me puse bien después de un par de convulsiones y tomar algunos medicamentos, y crecí siendo un niño sano. Sin embargo, a los ojos de mis padres, siempre seré un niño pequeño y débil que necesita su protección.

Cuando desobedecí a mi padre y me fui a Taiwán, no lo hice por despecho. Ambos teníamos algo que aprender. Yo tenía que aprender a hacerme valer, y él tenía que aprender a soltar el control. No puede controlarnos a mis hermanos y a mí para siempre, sobre todo ahora que somos adultos.

Desde que di el primer paso y abrí la puerta, a mi padre le preocupa menos que viajemos al extranjero. Tenemos más libertad para viajar con nuestros amigos e incluso solos. Sin embargo, todavía no hemos viajado nunca juntos como familia.

El desequilibrio de poder

Por muy cariñosos que sean tus padres contigo, siempre habrá un desequilibrio de poder, a diferencia de lo que ocurre en otras relaciones, como las amistades y las parejas, en las que ambas partes pueden tener una posición de igualdad. En el momento en que naces, tus padres están en una posición superior a la tuya. Puedes tener los mejores padres del mundo, pero sigues siendo dependiente. Debes escuchar y obedecer a tus padres para sobrevivir. Aunque no hagan valer su superioridad, seguirás viéndolos como figuras de autoridad y les pedirás permiso en casi todos los aspectos de tu vida.

La mayoría de los padres hacen valer su superioridad sobre sus hijos, ya sea de forma intencionada o no, especialmente cuando se trata de conocimientos. La mayoría de los padres creen que tienen más experiencia y conocimientos que sus hijos. Piensan que saben lo que es bueno o malo para ellos, aquello por lo que tienen que hacerles caso. Sí, los padres tienen la responsabilidad de guiar, educar y proteger a sus hijos. Pero cuando un adulto está enseñando o disciplinando a alguien, es fácil caer en el modo «yo sé más que tú» y no considerar ni consultar el punto de vista y los sentimientos de la otra persona.

Todos los niños se sienten impotentes en cierto modo.

A veces, mis alumnos me dicen que es inútil hablar con sus padres porque nunca les van a escuchar. Cuando éramos niños, no teníamos muchas oportunidades de expresar nuestros puntos de vista y nuestros sentimientos, y a veces, cuando lo hacíamos, nos ignoraban. Nuestros padres no podían proporcionarnos todo lo que deseábamos y no teníamos poder para conseguir lo que deseábamos por nuestra cuenta. Aparte de suplicar a nuestros padres y ganarnos su favor, no podíamos hacer gran cosa. Muchos de nosotros nos sentíamos tan impotentes durante la infancia que acabamos renunciando a intentarlo.

Además, si tienes unos padres que creen que siempre tienen la razón (y que están excesivamente identificados con su papel de padres y con el poder que tienen sobre sus hijos) puedes sentirte aún más impotente y subyugado. Cuando tus padres te dicen lo que tienes que hacer todo el tiempo, no tienes mucha libertad para hacer lo que realmente deseas. Si les desobedeces, pueden enfadarse o entristecerse y esto te hace sentir miedo o culpa. Tu crecimiento se ve ahogado, sobre todo cuando te conviertes en adolescente y empiezas a desarrollar tu propia identidad.

Tengo un amigo, Zane, que era zurdo. Pero desde pequeño lo castigaban y lo obligaban a utilizar la mano derecha. Cuando era niño, le obligaron a aprender a dibujar, algo que no le gustaba. A menudo se sentía estresado y presionado para asistir a las clases extraescolares de arte programadas por sus padres. Su madre trabaja en el sector de la contabilidad y, ¿adivina qué? Ahora Zane también trabaja en el sector de la contabilidad. No le gusta su trabajo, pero no sabe lo que quiere en la vida. Desde que era niño, sus padres han dictado todo lo que hace, tanto que ha perdido de vista sus verdaderos deseos y su individualidad.

Por el contrario, también hay padres que no ejercen mucho control sobre sus hijos. Algunos no ejercen el papel de guía, y otros son tan vulnerables que los hijos tienen que ocuparse de ellos. Aunque parece que hay una inversión de papeles entre el padre y el hijo, no significa que el hijo tenga más poder que el padre. El niño sigue siendo un niño. Cuidar de los padres es sólo una forma de recibir amor de ellos. Lo mismo ocurre con los niños cuyos padres están ausentes o divorciados. Se sienten impotentes para conseguir el amor y la atención que necesitan, y frustrados en sus esfuerzos por mantener a sus padres unidos.

El niño interior acumula mucho sufrimiento desde la infancia. Algunos niños están impacientes por crecer. Piensan que, cuando sean adultos, por fin podrán hacer las cosas que siempre han deseado y tener el control de sus vidas. Algunos piensan que siendo obedientes, más serviciales o exitosos, sus padres finalmente les darán la aprobación y el amor que desean. Poco saben que el desequilibrio de poder entre ellos y sus padres seguirá existiendo y sus relaciones seguirán siendo las mismas, incluso cuando sean adultos.

¿Por qué es difícil cambiar a los padres?

Muchos de nosotros queremos tener una buena relación con nuestros padres. Queremos que nuestra relación con ellos mejore y sea más positiva. Pero a menudo no conseguimos este objetivo porque nuestros padres no están tan interesados en mejorar la relación como nosotros. No reconocen la necesidad de mejorar porque, a diferencia de nosotros, no creen que haya un problema.

Lo ideal es que los padres adapten su estilo de crianza a medida que sus hijos crecen y cambian. Tratar con un bebé es diferente a tratar con un niño de cinco años, y relacionarse con un adolescente es diferente a relacionarse con un niño que se ha convertido en adulto. Pero la mayoría de los padres tratan a sus hijos adultos como si aún fueran niños. Están tan acostumbrados a cuidar de las necesidades de los niños y dictar instrucciones que se ha convertido en un hábito. No dan a sus hijos la oportunidad de ser adultos, y mucho menos de percibirlos como iguales.

La mayoría de los padres no pueden abandonar su papel de padres.

Mi madre todavía nos ordena a veces lo que tenemos que hacer, en lugar de pedirnos lo que necesita. Si quiere que algo se haga inmediatamente, nos regaña constantemente o nos llama desde la otra habitación hasta que se sale con la suya. Mi padre es igual. Le costó mucho tiempo aceptar que ha perdido el control sobre nosotros. Ya no puede conseguir que hagamos las cosas a su manera.

Si tienes un amigo con veinte o treinta años más que tú, no te dice lo que tienes que hacer. No se decepciona cuando no escuchas sus consejos. Quizá en algunos países asiáticos sí lo hagan. Pero incluso si lo hacen, no sientes la necesidad de obedecerles. No tienen ningún poder sobre ti, a menos que sean tus superiores en el trabajo.

Pero la relación entre nuestros padres y nosotros es diferente. Nosotros nos identificamos demasiado como sus hijos, y ellos se identifican demasiado como nuestros padres. Hemos pasado de ser dependientes a independientes, por lo que cabría esperar que la relación adulto-niño evolucionara hacia una relación adulto-adulto. Pero no, no es así. Nuestros padres siguen queriendo que dependamos de ellos, consciente o inconscientemente.

En cierto modo, ser padre o madre y saber más que tus hijos conlleva cierto orgullo. A muchos padres les resulta difícil aceptar que sus hijos han crecido y son capaces de tomar sus propias decisiones. La aceptación podría significar la pérdida de poder, control y el sentimiento de valía que puede derivarse de ser necesario y que dependan de ti. Los padres que ven a sus hijos como una extensión de sí mismos, pueden sentir que han perdido una de sus posesiones o el control sobre una parte de sí mismos que consideran muy importante. Es incluso peor para los padres enfermos y mayores, porque se ven obligados a depender de sus hijos y esto realmente es muy doloroso para el ego.

La mayoría de los padres no quieren percibirnos de forma diferente, es decir, como adultos, porque eso significa que tendrían que cambiar. Inconscientemente, nos critican, controlan nuestras acciones u ofrecen opiniones no solicitadas para mantenernos en un nivel que les resulta familiar y así no tener que cambiar. Los que nos rebelamos o culpamos a nuestros padres sólo alimentamos su ego y seguimos controlados por ellos. Lo mismo ocurre con los que intentan cambiar a sus padres o quieren que les vean con mejores ojos.

Somos en parte responsables de este desequilibrio de poder porque seguimos jugando el papel de un niño con nuestros padres. Algunos seguimos pidiendo su aprobación, aunque recibamos mucho apoyo de otras fuentes. Cuando dejé mi primer trabajo como auditor, recuerdo que buscaba desesperadamente la bendición y la aprobación de mis padres. Estaba tan acostumbrado a dejar que tomaran decisiones en mi nombre que me sentí bloqueado y atrapado cuando no apoyaron mi decisión de renunciar.

Puede que hayamos crecido, pero la relación con nuestros padres no ha cambiado mucho. Nuestros roles siguen siendo los mismos. Su percepción de nosotros sigue siendo la misma que cuando éramos jóvenes e incapaces de sobrevivir por nuestra cuenta. Seguimos relacionándonos con ellos como si nuestro sustento dependiera de ellos. Si quieres tener una mejor relación con tus padres, es más fácil cambiar tú desde dentro que intentar «arreglarlos».

Sana la relación en tu interior

El desequilibrio de poder que experimentas externamente con tus padres también está dentro de ti. La relación entre tu niño interior y tu padre interior se asemeja a la relación de tu infancia con tus padres. Tu padre interior cree que tiene un control total sobre tu hijo interior y que puede conseguir que éste haga lo que quiera.

Tu niño interior se siente oprimido y trata de obtener algo de control a través de medios sutiles.

¿Te ha pasado alguna vez algo así? Estás comprando en un supermercado o en unos grandes almacenes y, de repente, hay un niño llorando y berreando en público. El padre dice: «Si no vienes conmigo, me voy a ir sin ti», y empieza a alejarse. El niño llora aún más fuerte y no quiere irse.

A veces, el niño deja de llorar y sigue a sus padres fuera de la tienda. Otras veces, los padres se rinden porque son blandos de corazón, están molestos o se sienten tan avergonzados en público que se olvidan de que tienen control sobre sus hijos. La rabieta es la forma que tienen los niños de conseguir lo que quieren. Saben que no pueden ganar y que sus padres tienen todo el control. Pero al negarse a cooperar, son capaces de ganar algo de control. Nosotros también experimentamos esta batalla de control internamente. A veces, nuestro niño interior se niega a cooperar y nuestro padre interior no tiene más remedio que ceder.

*Si consigues equilibrar el poder dentro de ti,
también sabrás cómo relacionarte con tus padres.*

No hay mucha diferencia entre estos dos tipos de relaciones. Utiliza la relación interna entre tus subpersonalidades como campo de prácticas para obtener información sobre cómo relacionarte con tus padres. Aunque las relaciones requieren el esfuerzo de ambas partes, cuando sanes tu parte, la relación con tus padres también mejorará de forma natural. Puede que te encuentres menos reactivo a sus acciones y que tengas más compasión por ellos y por ti mismo.

En las dos secciones siguientes, descubrirás cómo crear un equilibrio de poder entre tu niño interior y tu padre interior. En primer lugar, reduciremos el nivel de poder de nuestro padre interior para que el niño se sienta seguro al hablar de sus necesidades, deseos y sufrimientos. Esto nos permitirá elevar el nivel de poder del niño interior al mismo nivel del padre interior.

SEGUNDA PARTE

Cultiva tu padre interior

4

Las responsabilidades de tu padre interior

«Los padres sólo pueden dar buenos consejos o poner a los hijos en el camino correcto, pero la formación final del carácter de una persona está en sus propias manos.»

Anne Frank

Hace tres años, asistí a un programa para empresarios en Bali. En uno de los seminarios, una chef habló sobre salud y el bienestar. Dijo que las madres son las que más saben, y con toda seguridad conocen la mejor comida para sus hijos. Yo no estaba del todo de acuerdo, así que dije: «Mi madre no. Ella siempre nos compra comida basura y bocadillos». La cocinera respondió: «Podrías comprar comida sana para tu familia, y comerla en lugar de la comida basura que te ofrece tu madre».

Me sentó como una bofetada en la cara, pero tenía razón. Me di cuenta de que estaba siendo muy infantil. Cuando mi madre compra bocadillos, no significa que tenga que comérmelos. Aunque mi madre me ofrezca comida basura, puedo rechazarla. No tengo que complacerla. ¿Por qué dejo que ella dicte lo que debo comer y luego la culpo por ello? Como adulto, tengo que responsabilizarme de mi propia salud y de mi propia vida.

*Cuando concedes la responsabilidad de tu vida
a otra persona, estás regalando tu poder.*

Ser adulto significa asumir responsabilidades. Los niños no tienen que responsabilizarse de sus actos porque sus padres toman la mayoría de las decisiones por ellos. Si cometen errores, es comprensible, porque todavía son jóvenes. Sus padres deben estar ahí para guiarles. Pero cuando crecemos, somos responsables de nuestras propias decisiones y de satisfacer nuestras propias necesidades. No tenemos que esperar a que nuestros padres nos den permiso. Ya no es su responsabilidad. Es la nuestra. El paso de adolescente a adulto es tan gradual que a veces no entendemos las responsabilidades que debemos asumir como adultos.

Es posible que tus padres te hayan descuidado o maltratado en el pasado. Puede que todavía te critiquen y te hagan sufrir con sus palabras y acciones. Es tentador culparles de tu infancia desgraciada. Pero, como adulto, tienes que cuidar de ti mismo y asumir la plena responsabilidad de tus actos y de tu vida. Si alguien te sirve veneno, puedes elegir no beberlo. Puede que no tuvieras elección cuando eras un niño, pero nadie puede obligarte ahora que eres un adulto.

Aunque no podemos hacer nada para cambiar lo que ocurrió durante nuestra infancia, podemos enseñar a nuestro padre interior a ser mejor con nuestro niño interior. Nuestro niño interior tiene necesidades que esperan ser satisfechas, pero no podemos asignar esta responsabilidad a nuestros padres biológicos y depender de ellos.

En primer lugar, tú sabes lo que más necesitas, y eres quien mejor puede entender los deseos más profundos de tu niño interior. Si tus padres hubieran conocido tus necesidades cuando eras niño y hubieran sabido cómo satisfacerlas, probablemente ya lo habrían hecho. Mis padres no están en contacto con sus propias emociones y, por lo tanto, no pueden ayudarme a satisfacer la conexión emocional que desea mi niño interior. Sólo yo puedo. Es mi trabajo entender las diferentes emociones y desencadenantes de mi niño interior. ¿Quién puede hacerlo por mí si ni siquiera yo puedo hacerlo por mi niño interior?

En segundo lugar, si sigues dependiendo de tus padres para satisfacer tus necesidades, no estás permitiendo que tu padre interior crezca. Cuando trabajé en Malasia durante seis meses, estar separado de mis padres fue una buena experiencia de aprendizaje. Trabajar en el extranjero me ayudó a aprender a ser más responsable y a cuidar de mí mismo. Tenía que comprarme comida, lavar la ropa, pagar las facturas de la electricidad y todas las pequeñas cosas que mis padres hacían por mí y que yo daba por sentadas. Cuando estás con tus padres, desempeñas el papel de niño sin darte cuenta, y tus padres naturalmente desempeñan su papel de padres. No llegas a experimentar plenamente lo que es ser adulto ni desarrollas habilidades de adulto.

De hecho, es responsabilidad de los padres cuidar de sus hijos, y algunos no hicieron un buen trabajo. Sin embargo, ahora somos capaces de cuidar de nosotros mismos, y tenemos que asumir esas responsabilidades de nuestros padres. Si no sabemos ser buenos padres, tenemos que aprender. No tenemos que esperar a ser padres de un recién nacido para desarrollar estas habilidades. Podemos empezar a practicar cómo ser un buen padre aprendiendo a cuidar de nuestro niño interior.

Y una de las primeras responsabilidades de nuestro padre interior es comprender lo que necesita nuestro niño interior.

Comprender las necesidades de tu niño interior

Las necesidades básicas de un niño

Si has descuidado a tu niño interior, te será difícil saber qué necesita. En los próximos capítulos, compartiré algunas formas de hacer que tu niño interior se abra.

Pero, por ahora, pensemos en las necesidades básicas de un niño. Todos los niños tienen las mismas necesidades básicas. Si no tienes ni idea de lo que necesita tu niño interior, piensa en tus hijos. ¿Qué necesitan ellos? Esto te dará una idea general de lo que necesita tu niño interior. Si no tienes hijos, imagina lo que te gustaría darle a tu hijo cuando lo tengas. Si te resulta difícil imaginarlo, piensa en lo que necesitabas de niño.

Aquí tienes algunas necesidades básicas de los niños para empezar:

- Quieren ser amados y valorados.
- Quieren ser reconocidos y escuchados.
- Quieren ser ellos mismos y aceptados por lo que son.
- Quieren sentir que pertenecen a una comunidad y que están conectados con los demás.
- Quieren sentirse seguros y protegidos.
- Quieren tener la libertad de hacer lo que quieren, o al menos de expresar lo que quieren hacer.

El niño interior también necesita todo esto. Pero, al igual que la mayoría de los padres, nuestro progenitor interior tiende a proporcionar sólo comida, refugio y ropa. Sí, son necesidades básicas de supervivencia que mantienen al niño seguro, y son las más fáciles de reconocer y satisfacer. Pero una vez alcanzado cierto nivel, el niño interior no necesita más dinero ni éxito. No necesita más juguetes, como coches de lujo o casas más grandes. Estas cosas no proporcionan más seguridad a nuestro niño interior. Sus necesidades físicas y de seguridad ya han sido satisfechas. Estas cosas solo ayudan a inflar el ego de nuestro padre interior.

El niño necesita que el padre interior le cuide y le quiera. Según la jerarquía de necesidades de Maslow, una vez satisfechas nuestras necesidades fisiológicas y de seguridad, tenemos el deseo de satisfacer nuestras necesidades de amor, pertenencia y estima. Pero ¿cuántas veces hemos reprimido nuestras emociones cuando nuestro niño interior ha intentado expresar su dolor? ¿Cuántas veces hemos ignorado los deseos de nuestro corazón y hemos perseguido lo que la sociedad o los demás creen que es bueno para nosotros?

Creemos que sabemos lo que es mejor para nuestro niño interior. Pero la mayoría de las veces no es así. Modelamos nuestro padre interior a imagen y semejanza de nuestros padres biológicos, que nos enseñan a ser padres con su ejemplo. Si supieran amarnos como nosotros queremos que nos amen, no nos sentiríamos tan poco queridos, aunque ahora seamos adultos.

Las necesidades específicas de tu niño interior

Además de satisfacer las necesidades básicas de tu niño interior, también tiene necesidades específicas que son exclusivas de sus experiencias infantiles. Comprender estas necesidades específicas ayudará al padre interior a conectar mejor con el niño y a saber qué debe proporcionarle. No hay una descripción perfecta del trabajo de un padre ni instrucciones detalladas que seguir. Tienes que descubrir las necesidades específicas de tu niño interior por ti mismo y personalizar tu estilo de crianza en consecuencia.

He aquí algunos ejemplos que te ayudarán a empezar:

El niño abandonado

Este niño interior tiene miedo de alejarse de los demás. Constantemente siente que las personas a las que está unido podrían irse y abandonarlo. Tal vez uno de sus padres, o los dos, le dejaron solo cuando era pequeño, tal vez debido a un divorcio o a la muerte.

Quizás estuvieron constantemente fuera de casa durante la mayor parte de su infancia.

Este niño interior tiene el deseo de aferrarse a los demás y a las relaciones. Cuando una relación termina, rápidamente encuentra otra para llenar el vacío. Necesita que el padre interior esté ahí y le ayude a sentirse seguro.

El niño descuidado

Este niño interior siente que no hay nadie para él. Siente que no es importante y que algo muy profundo falta en su vida. Tal vez sus padres no le prestaron suficiente atención cuando era pequeño, o fueron fríos con él por sus propias razones. Quizás estaban demasiado ocupados con sus propias vidas o tenían sus propios problemas y no tenían tiempo para preocuparse por ti y tus sentimientos.

Este niño interior ha sido ignorado desde que era pequeño, por lo que a menudo se siente invisible, inferior y defectuoso en comparación con los demás. El padre interior necesita reconocer los sentimientos y la valía del niño interior, y prestarle más atención y aliento.

El niño oprimido

Este niño interior siente que no tiene nada que decir sobre lo que ocurre en la vida. Siente que tiene que ser siempre complaciente con los deseos de otras personas. En este caso, sus padres no le dieron espacio para expresar sus opiniones y sentimientos cuando era pequeño. Tenía que hacer lo que le decían o, de lo contrario, se enfadaban o se ponían tristes.

Este niño interior se siente obligado a hacer cosas en contra de sus deseos. Cuando tu niño interior siente una ira que no expresa, encuentra formas de sabotear sus logros. Tu padre interior necesita considerar genuinamente tu punto de vista y no descartar tus opiniones tan rápidamente. Este niño interior necesita ser escuchado.

El niño maltratado

Este niño interior tiene muchos sentimientos encontrados, como el miedo y la rabia hacia el maltratador. Al mismo tiempo, también puede culparse a sí mismo por los abusos, especialmente si el abusador es alguien cercano a él, como sus padres.

Este niño interior puede sentirse más indigno que los otros que he mencionado. Sin embargo, el padre interior suele reprimir estos sentimientos dolorosos. Este niño interior tiene dificultades para confiar en los demás. El padre interior tiene que ayudar al niño interior a expresar sus emociones en lugar de reprimirlas. El padre interior también necesita reconstruir la confianza con el niño interior para que se sienta seguro compartiendo sus sentimientos.

El niño ansioso

Este niño interior suele sentir que algo malo está a punto de suceder y no confía en su capacidad para resolver los problemas por sí mismo. Es posible que, cuando era pequeño, sus padres no le dieran suficiente protección para que se sintiera seguro.

Este niño interior tiene mucho miedo y se preocupa mucho. Es difícil conseguir que este niño haga algo fuera de lo normal, porque no le gustan los cambios. En lugar de sobreproteger al niño interior para que no le pase nada, el padre interior tiene que calmar su ansiedad y animarle a dar pequeños pasos cuando el cambio sea necesario.

Dos funciones importantes del padre interior

Identificar las necesidades del niño interior es la base para amarlo. En este libro, hablamos de otras dos funciones del padre interior que son cruciales. Una de ellas es proteger al niño interior; la otra es nutrirlo.

Lo ideal es que, para que los niños crezcan sanos, tengan en la familia una figura protectora y otra nutritiva que les sirva de modelo. Desgraciadamente, esto no suele ocurrir. Aunque exista una figura protectora y otra de crianza, una tiende a dominar a la otra.

Para la mayoría de la gente, la figura de protección se refiere al padre y la figura de crianza se refiere a la madre. Pero esto no siempre es así. Algunas madres pueden ser más protectoras que los padres, y algunos padres pueden ser más nutritivos que las madres. Los roles no son específicos de cada género. No importa si eres hombre o mujer. Para hacer crecer a tu padre interior y amar a tu hijo interior, tienes que aprender a ser tanto protector como cuidador. Ambos papeles tienen responsabilidades diferentes, pero son igualmente importantes.

Tendemos a favorecer un papel más que el otro. Por ejemplo, uno puede ser demasiado protector consigo mismo y no nutrirse lo suficiente. Puede utilizar palabras duras y formas de disciplina para controlar los deseos y acciones del niño interior, impidiéndole cometer errores u obligándole a alcanzar los objetivos que el padre interior desea. A menudo no validan las necesidades y emociones de su niño interior. Otras personas pueden amar a su niño interior hasta el punto de no establecer ningún límite para frenar sus acciones y sus caprichos.

Aunque un papel sea más fuerte que el otro, no significa que no tengamos que trabajar en él. La sobreprotección y el exceso de cuidados también pueden perjudicar al niño interior. Tenemos que atenuar un poco la función más fuerte, al tiempo que desarrollamos las habilidades que nos faltan.

El rol de tu padre interior es diferente de tu rol social.

Una cosa que hay que tener en cuenta es no confundir el rol de tu padre interior con tu rol social. Algunos padres se llevan su rol laboral a casa y son incapaces de separar su rol doméstico del trabajo. El padre de uno de mis alumnos me pidió un informe semanal sobre el comportamiento de su hijo. Tenía que calificar al niño en una escala del uno al diez. ¿No suena esto muy parecido a hacer una evaluación anual en una empresa? Mi padre es supervisor en el trabajo y también en casa. No se da cuenta de que no somos sus subordinados y no nos gusta que nos controle.

Puede que seas una persona empática y cariñosa con los demás, pero no contigo misma. Cuando hablo de estos roles, me refiero a cómo trata tu padre interior tu niño interior. Me refiero al hogar que llevas dentro. No tiene nada que ver con la forma en que tu padre interior interactúa con otras personas fuera de casa.

A continuación encontrarás un resumen de las responsabilidades de cada función. En los dos próximos capítulos, exploraremos cada función en mayor profundidad.

La función protectora

Una de las funciones del padre interior es asegurarse de que el niño interior se sienta seguro. Esto podría ser en términos de proporcionar orientación y orden para el niño interior. También podría tratarse de establecer límites y mantenerlos para que el niño interior no sea herido por otros. O podría ser algo básico, como asegurarse de que está económicamente seguro y tiene suficiente comida y otras necesidades. Cualquier cosa que represente fuerza y permita al niño interior sentir que tiene una persona fuerte de la que depende es parte de la función protectora.

Cuando tu padre interior es un pilar de fortaleza para tu niño interior, evita que éste se sienta ansioso y entre en pánico. También le da al niño interior el valor para actuar con respecto a las personas y las situaciones que le dan miedo.

La función de crianza

La otra función del padre interior es asegurarse de que el niño interior se sienta amado y que pertenece a su entorno. Se trata de dar a tu hijo interior apoyo y comprensión. Se trata de ser empático con el niño interior y reconocer las dificultades por las que está pasando. A veces, el padre interior también está ahí para ayudar a calmar emociones intensas con las que el niño interior tiene dificultades para lidiar y ayudarle a entender cómo manejar estas emociones.

El amor del padre interior hace que el niño interior se sienta aceptado, comprendido, reconocido y escuchado. Hace que el niño interior se sienta importante y seguro para expresar sus sentimientos sin sentirse juzgado.

5

Proteger al niño interior

«No puedo pensar en ninguna necesidad en la infancia tan importante como la protección de un padre.»

Sigmund Freud

Una vez, había tres niños que vivían en el mismo barrio, Adam, Betty y Calvin. Tenían padres muy diferentes.

Los padres de Adam eran agresivos y sobreprotectores. Todavía recuerda la vez que su padre le apartó de la carretera y empezó a pegarle sin parar, gritando: «¿Cuántas veces te he dicho que no corras cerca de las carreteras? ¡Podrías haberte matado! ¿Por qué no me haces caso? ¿Por qué eres tan travieso? ¿Eres idiota?» Aunque Adam comprende la buena intención de su padre de protegerle para que no se hiciera daño, sigue sintiéndose traumatizado por este evento.

La relación de Adam con su madre no es mucho mejor. A ella le encanta microgestionarlo. Desde que Adam era joven, su madre ha querido involucrarse en todo lo que hace. Revisa detalladamente sus deberes, quiere saber con quién anda en la escuela y supone que puede decidir su carrera por él. Teme que Adam no pueda manejar estas cosas por sí mismo y que pueda hacerse amigo de las personas equivocadas. Está obsesionada con la vida de su hijo y confunde su necesidad de control con el amor por él.

Betty tiene unos padres que también son protectores, pero son firmes y amables en su enfoque. Cuando Betty comete un error, sus padres se sientan con ella y tratan de ayudarla a entender qué podría haber hecho mejor. Una vez, Betty corría hacia la carretera y su padre la detuvo justo a tiempo. En lugar de expresar su enfado y su miedo a perder a su hija, su padre se puso en cuclillas, la miró a los ojos y le explicó con dulzura lo peligroso que era. «Oye, mi querida princesa, cuando corres hacia la carretera tan de repente los conductores pueden no ser capaces de parar sus coches a tiempo y pueden atropellarte. ¿Recuerdas ayer cuando te caíste? ¿Recuerdas lo doloroso que fue? Ser atropellado por un coche es mucho más doloroso que eso. No quieres hacerte daño, ¿verdad? Pues ten cuidado y mira antes de cruzar, ¿de acuerdo?»

Aunque la madre de Betty se preocupa por sus deberes, confía en ella lo suficiente como para que los haga sola. Su madre sólo interviene cuando ve que Betty tiene dificultades o cuando le pide ayuda. Cree que cometer errores forma parte del proceso de aprendizaje y anima a Betty a cometerlos para que aprenda de ellos. Betty siente que tiene libertad para elegir lo que quiere hacer, pero al mismo tiempo se le da suficiente orientación para ayudarla a tomar decisiones sensatas.

Los padres de Calvin son de espíritu libre y de fácil trato. No dedican mucho tiempo a enseñar a su hijo ni a establecer límites. Creen que su hijo debe tener libertad para ser él mismo y hacer lo que le gusta. Sin embargo, a Calvin le gustaría que sus padres se preocuparan más por él y le dieran alguna orientación. Tiene muchos moratones y cicatrices porque sus padres le dejan correr libremente por la casa y saltar de mueble en mueble. Cuando era adolescente, un coche estuvo a punto de atropellarlo porque estaba muy concentrado en recuperar un balón de fútbol que había saltado a la carretera. Por suerte, el coche se detuvo justo a tiempo. De niño, nunca le dijeron que tuviera cuidado con la carretera, así que no aprendió a tener cuidado con los coches.

A los demás niños, Calvin les parece afortunado. Sus padres le permiten ver la televisión hasta altas horas de la noche. Cuando le iba mal en los exámenes, sus padres no le regañaban, así que Calvin no prestaba atención a sus estudios y, como resultado, no entró en el curso que quería. Aunque a Calvin se le da mucha libertad, acaba viviendo de forma imprudente porque no recibe suficiente orientación y orden.

¿Y tú?

¿Cómo protege tu padre interior a tu niño interior?

¿Eres sobreprotector con tu niño interior, o no lo suficientemente protector?

¿Tu padre interior es sobreprotector como un crítico interior, juzgando constantemente lo que hace tu niño y controlando sus acciones? ¿O permite que se desboque y condicione tu comportamiento?

A veces, puede ser ambas cosas. De vez en cuando oscilamos entre estos dos extremos. Cuando sentimos que hemos castigado a nuestro niño interior con demasiada dureza, nos soltamos y le permitimos disfrutar de actividades de ocio. Luego, cuando nos damos cuenta de que el niño interior se está divirtiendo demasiado, nuestro padre interior interviene para imponer algunos límites.

En este capítulo, aprenderás a proteger a tu niño interior de forma sana y equilibrada. Pero, primero, redefinamos la protección.

Redefinir la protección

«Proteger» significa evitar daños y perjuicios. Pero no todos los daños y perjuicios son perjudiciales. No todos los momentos son decisivos. A veces, el sufrimiento y la asunción de riesgos son necesarios para que crezcamos y aprendamos. Sin los fracasos y los errores, no conseguimos aprender y adquirir nuevas habilidades para afrontar los retos en el futuro. Cuando nuestro padre interior controla demasiado al niño interior diciéndole lo que tiene que hacer y lo que no, el crecimiento y la libertad del niño se ven limitados.

La sobreprotección supone proteger cosas que no necesitan ser protegidas; por ejemplo: las emociones. Las emociones negativas, como la pena y la ira, pueden resultar desagradables y abrumadoras, pero no nos destruirán. Sobreprotegerse de las emociones hace que el trabajo de crianza de tu padre interior sea mucho más difícil. La función de crianza consiste en validar los sentimientos del niño interior. Si bloqueas tus emociones por completo, ¿cómo puede expresarlas el niño interior?

La clave para proteger a tu niño interior
es el no-apego.

Cuando no tienes apego, alejas a tu niño interior y evitas responsabilizarte de sus sentimientos y comportamientos. Cuando estás apegado a tu niño interior, te aferras a él y también sufres. Es como si también fueras una víctima. Pero cuando no estás apegado, simplemente estás ahí con él. Sabes cómo se siente, pero no te dejas llevar por ello. Estás en modo de espera, permaneciendo atento y observando cómo se desarrolla toda la situación y cómo reacciona tu niño a la situación. Entonces respondes en consecuencia.

La principal diferencia entre los padres de Adam y los de Betty es que los de Adam le protegen por miedo, y los de Betty lo hacen por amor. Los padres de Adam proyectan sobre su hijo mucha energía negativa, como la ira y la ansiedad, pero los de Betty emanan energía positiva, como la compasión y la bondad. Los padres de Adam han unido su identidad a la de su hijo y no pueden separarlas. Proteger a Adam tiene más que ver con ellos mismos y su no aceptación de la situación que con el bienestar de su hijo. Si un coche atropella a su hijo, son ellos quienes tendrán que atravesar la pérdida y el sufrimiento.

Si a su hijo no le va bien en la vida, es la imagen que tienen de sí mismos como padres y la vergüenza que pueden experimentar lo que les preocupa. Proteger a Adam es, en parte, un medio para evitar que se desencadenen sus propias emociones negativas.

Reflexiona sobre esto: cuando tu niño interior te propone llevar a cabo una acción concreta o expresa sus sentimientos, ¿lo rechazas rápidamente o lo ignoras? Pregúntate a ti mismo:

- ¿Tu padre interior proyecta tus miedos y creencias en el niño interior?
- ¿Tu padre interior tiene miedo de no poder manejar las emociones que el niño interior le está planteando?
- ¿Tu padre interior está protegiendo su propia imagen, o realmente está protegiendo al niño interior de cualquier sufrimiento?

Kim Eng, un maestro espiritual, dijo una vez en un seminario online que estamos tan acostumbrados a escondernos y protegernos que esto se ha convertido en un hábito. Lo que en realidad estamos protegiendo es la identidad de nuestro ego. Puede que pienses que tienes buenas intenciones porque estás protegiendo a tu niño interior para que no se sienta herido. Pero puede que sólo se trate de que a tu padre interior le resulta difícil manejar el dolor de tu niño. No sabes qué hacer cuando tu niño interior te hace consciente de su dolor emocional, por lo que prefieres no dejar que se exprese. En realidad, el padre interior no está protegiendo al niño interior. Se está protegiendo a sí mismo.

Entonces, ¿esto significa que debemos dejar que nuestro niño interior sufra y no lo protejamos en absoluto? Por supuesto que no. El no-apego no es lo mismo que el desapego. No significa que no te importe. Por supuesto, respondes cuando tu niño interior necesita ayuda. No exponemos el dolor emocional de nuestro niño interior y esperamos que pueda manejarlo por sí mismo. La falta de protección tampoco es amor. El niño interior es sensible e irracional porque los sentimientos abrumadores que surgen se basan en acontecimientos pasados y se ven desde la perspectiva del niño. El padre interior necesita estar ahí para proporcionar orientación y apoyo desde una perspectiva adulta. El padre interior tiene que decir que no cuando sea apropiado, pero también tiene que animar al niño interno a intentar cosas que le dan miedo. Esto tiene que hacerse de manera consciente para no apegarse al sufrimiento del niño interior.

Para proteger a nuestro niño interior tenemos que encontrar un equilibrio entre él y el padre interior. Cuando se da demasiado poder y control al padre interior, el niño interior se siente asfixiado. Cuando hay muy poca orientación por parte del padre interior, el niño puede causar estragos. El padre interior tiene que aprender a responder y no a controlar; a guiar y no exigir; a apoyar y a la vez no apegarse. Aunque parezca difícil, es absolutamente necesario para el crecimiento de tu niño y de tu padre interior.

¿Cómo puede el padre interior proteger al niño interior?

La protección viene en forma de orientación, orden y disciplina, en lugar de evitar los riesgos y las situaciones perjudiciales.

Con una guía y un orden consistentes, el niño interior puede navegar por el mundo con seguridad y confianza. Por el contrario, si el padre interior elimina todos los riesgos y obstáculos para el niño interior, éste tendrá que hacerlo siempre. Es como enseñar a alguien a montar en bicicleta. Quieres animarle y rescatarle si se cae. Pero no quieres sujetar la bicicleta con demasiada fuerza porque entonces no aprenderá a montar por sí mismo. Siempre dependerá de tu ayuda.

Además, por muy bien que protejas a tu niño interior, siempre habrá acontecimientos que estén fuera de tu control y desencadenen su sufrimiento. Cuando esto ocurra, la función de crianza del padre interior será llamada para ayudar al niño interior a lidiar con sus emociones. Es el apoyo que se necesita cuando las cosas no van según lo previsto. Así que no hay necesidad de sobreproteger al niño interior. Intentar constantemente mantener al niño interior alejado del peligro sólo creará un estrés y una ansiedad innecesarios.

A continuación relaciono las cosas que puede hacer tu padre interior para proteger al niño interior:

1. Conoce los límites y los desencadenantes de tu niño interior

El límite de cada persona es diferente. Algunas personas se sienten cómodas con un estilo de comunicación más directo y agresivo; otras pueden pensar que hablar de esa manera es grosero. Una persona puede pensar que el sarcasmo es divertido, pero otra puede sentirse ofendida por él.

El trabajo del padre interior es determinar si otra persona o una situación está sobrepasando la línea del niño interior y haciéndolo sentir incómodo. No puedo decirte de qué tienes que proteger a tu niño interior. Tienes que observar cómo te sientes cuando interactúas con otra persona o situación para entender tus límites y determinar lo que hace reaccionar a tu niño interior. Esto puedes hacerlo escuchando a tu cuerpo y sintiendo tu reacción ante cualquier situación. También es posible que tengas que compararla con otras situaciones similares para determinar con exactitud los límites de tu niño interior.

Después de comprender los límites y los desencadenantes de tu niño interior, el padre tiene que tomar una decisión.

Tu padre interior tiene la opción de proteger o animar al niño interior.

Por ejemplo, si las críticas te recuerdan los momentos en los que tus padres te criticaban, el padre interior puede ayudarte a evitar a las personas y las situaciones que tienen una alta probabilidad de provocarte ese dolor. Por otro lado, el padre interior puede animarte a afrontar este dolor de frente y no tomarlo como algo personal. Puede buscar intencionadamente situaciones similares para desafiar los límites de tu niño interior. Ninguna de las dos cosas es mejor que la otra. Algunos dolores emocionales son demasiado abrumadores para manejarlos a nuestro nivel de conciencia y es mejor dejar estas situaciones en paz y procesarlas gradualmente. Pero forzar el límite de tu niño interior y ayudarle a superar sus miedos y su vergüenza puede proporcionarle mucho crecimiento.

En mi caso, sé que mi padre me menosprecia cada vez que comparto mis éxitos con él, especialmente si están relacionados con mis esfuerzos creativos. Así que suelo restar importancia a mis éxitos delante de él y no le dejo saber mucho sobre mi trabajo. Si él asume que me va bien en la vida, no hay necesidad de pelearse con él. Así es como gestiono y reduzco las críticas de mi padre. Sé lo que las desencadena y no las activo ni les doy munición.

Sin embargo, hay momentos en los que percibo que mi niño interior tiene miedo de ser rechazado por los demás. En esos momentos, mi padre interior le anima a correr el riesgo. Mi padre interior le dice cosas como: «Adelante, puedes hacerlo. Estarás bien. Yo estaré aquí contigo». El rechazo puede hacer que mi niño interior se sienta mal, pero sé que superar el miedo es bueno para el crecimiento y las relaciones. Así que, aunque me ponga nervioso en entornos sociales, a veces me doy un pequeño empujón para abrirme.

No hay ninguna actitud correcta o definitiva. Tienes que ser consciente de lo que tu niño interior puede o no puede manejar y responder hábilmente a cada situación.

2. Establecer límites externos e internos

El padre interior tiene que marcar la línea y poner cierto orden porque el niño interior no sabe cómo hacerlo. Tiene que consultar al niño y entender lo que quiere, pero tampoco puede seguir o ceder a todo lo que le exija. Es probable que el niño tenga algunos malos hábitos, creencias erróneas y falsas percepciones que se desarrollaron durante la infancia.

El padre interior debe aportar sabiduría y ayudar a frenar los malos hábitos.

Si sufriste abusos en el pasado, es posible que tu niño interior se sienta atraído por situaciones que le permitan volver a ser abusado. Quiere revivir el dolor que sintió de niño. También puede tener la ilusión de que algún día el abusador cambiará. Así que el niño interior puede aguantar situaciones que le resultan familiares, pero que no necesariamente son beneficiosas. El trabajo del padre interior es reconocer este hábito malsano y mantener al niño interior alejado de las situaciones que le permiten ser abusado repetidamente. Tu padre interior debe crear límites externos y aprender a decir «no» a los demás. Hacer saber a la otra parte cómo te sientes y cuál es tu posición es parte de la responsabilidad de tu padre interior.

Los niños no saben cómo desenvolverse en el mundo en el que viven. No conocen las normas y los reglamentos. Si los padres no enseñan a sus hijos las reglas necesarias (por ejemplo, «cuidado con los coches en la carretera y no toques la tetera hirviendo») podría haber consecuencias graves. El padre interior tiene que evaluar las necesidades del niño interior en relación con la realidad externa y decidir si es necesario establecer un límite. Tiene que observar el entorno externo y a otras personas y preguntarse: «¿Esto es realmente peligroso o sólo estoy poniéndome demasiado ansioso? ¿El deseo del niño interior dañará mi mente, mi cuerpo, mi alma o a otras personas?» Si algo es realmente peligroso o indeseable, el padre interior tiene que intervenir y detener al niño interior.

El padre interior también tiene que establecer estándares más altos para el niño interior. Tiene que preguntarse: «¿Con qué no me voy a conformar? ¿Voy a colocar a mi hijo interior en un entorno en el que sea constantemente maltratado o donde tenga que lidiar con personas que lo traten mal?» Con la práctica, el padre interior mejorará en la determinación de lo que es mejor para el niño.

El padre interior necesita equilibrar las necesidades del niño interior con las del adulto.

Además, a veces tu niño interior puede querer una gratificación instantánea. No sólo quiere disfrutar del dolor emocional y del alivio del dolor, sino que también quiere diversión y alegría.

En cambio, las prioridades del padre interior son totalmente diferentes. Quiere trabajar y centrarse en las cosas que importan a los adultos. Una vez más, ninguna de las dos cosas es correcta. Tanto la relajación como el trabajo son positivos, dependiendo del contexto.

La autodisciplina y la creación de límites internos son importantes. Pueden ayudar a regular algunos impulsos, pensamientos, comportamientos y emociones de tu niño interior. Cuando estés trabajando, no querrás procrastinar o distraerte con sus impulsos y emociones. Aunque es importante reconocer nuestras emociones, esto no significa que sean siempre verdaderas o que tengamos que pasar todo el tiempo pensando en ellas. Hay un momento para hablar de los problemas del niño interior y otro para no hacerlo. El padre interior tiene que tener tiempo para trabajar y jugar, y tanto tu hijo interior como tu padre interior tienen que ponerse de acuerdo con el horario.

3. Comunica los límites con claridad y habla con amabilidad a tu niño interior

Es aún más importante que el padre interior comunique al niño por qué los límites son necesarios. Algunos padres afirman sus derechos sobre sus hijos pero nunca explican sus intenciones. Permiten que sus hijos entiendan las cosas por sí mismos y, como consecuencia, malinterpretan las intenciones de sus padres.

Siempre que tu padre interior quiera establecer un límite, asegúrate de que el niño interior esté de acuerdo. Tu padre interior y tu niño interior necesitan establecer un entendimiento mutuo para poder alcanzar la paz interior. Si tu progenitor interior obliga a tu niño interior a obedecer sin darle explicaciones y sin entender cómo se siente el niño, lo más probable es que haya resistencia.

Entrena a tu padre interior para que utilice un lenguaje amable en lugar de crítico.

Cuando explicas tu decisión al niño interior, le estás dando a conocer tus intenciones y también estás creando una oportunidad para aclarar cualquier duda. A diferencia de la crítica, no estás obligando al niño a aceptar tus puntos de vista. Quieres que haya un equilibrio de poder entre tu niño interior y tu padre interior. Pero cuando se utiliza la crítica o la fuerza, el equilibrio de poder estará a favor del padre, como si le estuviera diciendo al niño lo que tiene que hacer. El padre interior se convierte entonces en el crítico interior y tú no quieres que eso ocurra. Si hay alguna resistencia por parte de tu niño interior, tienes que conciliar las diferencias antes de avanzar.

A veces, tiene más sentido predicar con el ejemplo. El niño interior probablemente no tuvo un buen modelo de conducta del que aprender cuando crecía. Si el padre interior es capaz de ser un buen modelo de conducta para el niño interior, éste confiará de forma natural en la forma de hacer las cosas del padre interior. Pero, de nuevo, hay que dejar claras las intenciones y consultar los sentimientos del niño interior antes de actuar.

4. Suelta el control

Cuanto más intentes controlar los impulsos de tu niño interior, más resistencia experimentarás en tu interior. A veces, sólo tienes que dejar de controlar, porque cuando tu padre interior intenta controlar a tu niño interior, el niño lo estará controlando al mismo tiempo.

Al igual que cuando crecemos y adoptamos nuestra propia identidad, los padres que no pueden aceptar que sus hijos han cambiado y han formado su propia identidad se van a sentir desgraciados. Sólo cuando se dejen llevar y acepten los cambios de sus hijos encontrarán la paz y podrán crear relaciones armoniosas.

Dejar ir no significa que ya no te importe.

Dejar ir significa permitir que tus hijos crezcan y aprendan por sí mismos. A veces, puede ser más eficaz actuar según los impulsos de nuestro niño interior, permitir que cometa errores y luego darle la orientación necesaria. De este modo, el niño interior aprenderá que el comportamiento impulsivo puede conducir a resultados desfavorables, y tratará de evitar volver a cometer el mismo error. Esto es mejor que decirle al niño interior lo que tiene que hacer y lo que no. La gente suele resistirse a que le digan lo que tiene que hacer. Esto también se aplica al padre interior. Si el padre tiene un fuerte deseo de hacer algo, puede ser mejor simplemente seguir adelante y ver qué pasa. Si resulta ser un error, el padre puede pedir disculpas al niño, y nosotros también podemos aprender de ello.

Por último, como ya se ha mencionado, si la función protectora del padre interior no actúa, la función de crianza estará ahí para recoger los pedazos. Así que entendamos lo que implica la función de crianza del padre interior.

6

Nutrir al niño interior

«Lo que te ocurra te pertenece. Hazlo tuyo. Aliméntate de
ello aunque te parezca imposible de tragar. Deja que te nu-
tra, porque lo hará.»

CHERYL STRAYED, *TINY BEAUTIFUL THINGS*

Todos los niños necesitan el amor incondicional de sus padres.
Necesitan atención, aprobación, comprensión, aceptación, calor y afecto. De la misma manera, el padre interior puede cuidar al niño interior. Esta función complementa el aspecto
protector del padre interno. Cuando el niño interior experimenta emociones abrumadoras, puedes ayudarle a sentirse mejor mostrándole empatía. Cuando el niño interior comete
errores o rompe los límites, el padre interior está ahí para per-
donarlo. El padre no sólo está ahí para escuchar los problemas
del niño, sino que también tiene que crear un entorno lo suficientemente seguro para que el niño se abra y hable de sus
sentimientos. La función de crianza consiste en crear confian-

za con el niño interior. Pero ¿puede un padre ser demasiado cariñoso?

El exceso de cariño suele ir ligado a no proporcionar suficiente estructura y coherencia. He visto a padres que ceden a las demandas de sus hijos con demasiada facilidad. Cuando sus hijos les piden algo, simplemente se lo dan, aunque sepan que no será bueno para ellos a largo plazo. A veces, intentan imponer límites a sus hijos, pero a menudo no son firmes ni coherentes con estos límites. Después de algunas súplicas y de la culpabilización, los padres suelen ceder a las exigencias de sus hijos.

*Criar sin ego. Abandona tu idea
de lo que es ser buen padre.*

Tanto la sobreprotección como la sobrealimentación no son actos de amor. A menudo, los padres sólo quieren proteger su imagen de buenos padres. Se trata más de alimentar su ego y su identidad que de hacer lo mejor para sus hijos. Yo tenía una joven alumna que cada vez que le pedía que resolviera cuestiones matemáticas decía algo negativo sobre mí: «Eres un mal profesor; eres malo; o eres aburrido». Era muy tentador ceder a sus peticiones de jugar en lugar de estudiar porque mi ego quería mantener una buena imagen. Pero me di cuenta de que intentaba hacerme sentir culpable para tener que resolver menos problemas de matemáticas. Así que le dije: «Aunque sea un mal profesor, tenemos que hacer los problemas». Se frustraba porque no podía controlarme, y al final tuve que dejarla ir. Pero al menos me mantuve dentro de mis límites y fui fiel a mis responsabilidades. No me contrataron para jugar con ella. Tenía que ayudarla con sus estudios.

Cuando los padres cuidan demasiado a sus hijos, éstos se sienten con derecho. Es como si todo el mundo girara en torno a ellos. Cuando nuestro padre interior alimenta demasiado al niño interior, podemos acabar siendo demasiado egocéntricos. Sí, cuando tu niño interior tiene problemas o necesidades, tu padre interior tiene que estar ahí para escucharlo y prestarle atención. Pero si toda tu conciencia gira en torno al niño interior, estarás tan ocupado con sus necesidades emocionales (o por la diversión que quiere tener) que no podrás hacer nada más, y tu vida adulta se verá afectada por ello.

Por el contrario, si tu padre no le da a tu niño suficiente atención, amor y empatía, buscará el cariño y la aprobación en otra parte, en algún otro lugar, persona o cosa. Entonces, siempre tendrás que depender de otros para satisfacer tus necesidades.

La importancia de la autoaprobación

¿Buscas aprobación todo el tiempo? Yo siempre buscaba la aprobación de mis padres. Pero cuando dejé de hacerlo, me di cuenta de que inconscientemente empezaba a buscar la aprobación en otros lugares. Por ejemplo, cuando le hacía una pregunta a mi mentor, no me interesaba realmente su respuesta. Buscaba su aprobación y su permiso para hacer las cosas que quería hacer.

Buscar la aprobación de los demás significa que les pides su opinión y su permiso para hacer algo. Significa que quieres ser aceptado por ellos. Pero cuando pides permiso a los demás, corres el riesgo de que te rechacen y te critiquen. Si tus padres te critican constantemente, pregúntate: «¿Busco constantemente la aprobación de mis padres dándoles la oportunidad de criticarme y rechazarme?»

¿Qué niño no quiere que sus padres le aprueben y le acepten? Pero, por desgracia, no todos los padres apoyan las decisiones de sus hijos. Como adultos, somos responsables de nuestras propias elecciones, independientemente de que nuestros padres las aprueben o no. Cuando éramos niños, nuestra supervivencia dependía de nuestros padres. Si no obteníamos su aprobación, nos arriesgábamos a no ser queridos ni cuidados. Pero esto no es así ahora que hemos crecido.

La autoaprobación es más importante que la aprobación de otra persona, incluidos tus padres.

Aunque tus padres no estén de acuerdo con tus decisiones de adulto, ¿qué te impide seguir adelante? La razón por la que su desaprobación tiene tanta carga emocional para nosotros es que creemos que todavía nos controlan. Pero no, no controlan a sus hijos adultos. Si no te importa que tus padres te desaprueben a ti o a tus decisiones, entonces no les pidas su opinión, especialmente si tienes padres controladores. Esto sólo les da más oportunidades de criticarte.

No esperes que tus padres te den la aprobación y el reconocimiento que tanto deseas. Esto puede sonar un poco descorazonador, pero tener una expectativa así va a acabar en decepción. En lugar de eso, date siempre la aprobación a ti mismo en primer lugar. Deja que la aprobación de tus padres sea un extra, no algo que busques.

Cada vez que me sorprendo queriendo decirles a mis padres lo bien o lo mal que resultó ser una decisión, sé que mi niño interior necesita alguna forma de aprobación y amor. En lugar de depender de mis padres reales, es mi deber de padre interior dirigir la empatía hacia dentro y prestar atención a mi niño interior.

A menudo, buscamos el amor fuera de nosotros mismos, esperando que otras personas nos den el amor que queremos. Pero es posible que otras personas no estén en contacto con su propia presencia amorosa y, por tanto, no puedan proporcionarnos el amor que necesitamos. Debemos profundizar y conectar con nuestra presencia amorosa interior. De este modo, podemos proporcionarnos a nosotros mismos el amor que necesitamos. Como se menciona en mi libro, *Vacía tu taza,* no sólo tenemos abundancia de amor en nuestro interior, sino que somos la fuente misma del amor. Mientras estemos conectados con nuestro ser espiritual, podremos sentir el amor inquebrantable que siempre está dentro de nosotros. El padre interior necesita saber cómo aprovechar esta fuente de amor, en lugar de buscar la validación externa para satisfacer al niño interior.

Cómo desarrollar la confianza de tu niño interior a través de la escucha

La confianza es importante. Sin ella, no sabes cómo te sientes realmente con nada, incluyendo a otras personas. Pero no es fácil conseguir que el niño interior muestre su verdadera cara, sobre todo si su padre interior hizo algo que le perjudicó en el pasado. Por ejemplo, tu padre interior puede haber sido demasiado crítico con tu niño interior o haber realizado actividades que le perjudicaron, como beber demasiado alcohol o trabajar en exceso, para evitar que tu niño interior mostrase sus emociones.

Aquí tienes algunas sugerencias que puedes seguir para animar a tu niño interior a volver a confiar en tu padre interior y a expresar sus necesidades con mayor libertad:

1. Deja de lado tu orgullo paternal

Como profesor particular, tengo que tener cuidado de no dejar que mi orgullo o mi ego se interpongan en el camino de escuchar a mis alumnos. No siempre sé más que mis alumnos. Es posible que los alumnos hayan aprendido un método más fácil en la escuela o que haya un cambio en el programa de estudios del que yo no esté al tanto. Además, a veces yo también cometo errores. Así que tengo que aprender tanto como enseñar.

Nunca podremos saber más que la otra persona.

Si me dejo llevar demasiado por mi orgullo de profesor y pienso que sé más que mis alumnos, entonces no estaré del todo presente para escuchar lo que tienen que decir. La mayoría de los padres deciden lo que es mejor para sus hijos, en lugar de consultarles y preguntarles lo que quieren. Como en mi caso, mi padre cree que rebajarnos nos hará más centrados y menos engreídos. Cree que es bueno para nosotros. Pero eso no es lo que yo necesitaba de niño. No necesito que me elogien todos los días. Sin embargo, sí necesito alguna afirmación que me diga que lo estoy haciendo bien y algún reconocimiento por mi esfuerzo.

Tu conocimiento y tu creencia de lo que es bueno para tu niño interior te impide entenderlo y conocerlo. Si realmente quieres descubrir las necesidades de tu niño interior, tienes que pedirle a tu padre interior que se aparte un poco para que el niño tenga la oportunidad de hablar.

El mejor lugar para empezar es decirle al niño interior: «Yo no sé; por favor, cuéntame más».

2. Escucha con la mente abierta

Algunos niños se comportan de forma muy diferente delante de sus padres y de otras personas. Adoptan una imagen falsa ante sus progenitores para sobrevivir. Es una pena que los padres no puedan ver nunca cómo se sienten sus hijos de verdad.

Antes daba clases a niños pequeños. Siempre parecían obedientes y serviles ante sus padres. Sin embargo, algunos de ellos se comportaban de forma totalmente diferente cuando sus padres no estaban cerca. Una vez, tuve un estudiante que decía: «¡Odio a mi madre! Debe estar en su habitación jugando con su iPad. Pero a mí no me deja jugar».

En apariencia, los niños puede que obedezcan a sus padres. Pero eso no cambia el hecho de que puedan estar resentidos por dentro. ¿Realmente quieres una obediencia falsa? ¿Quieres que tu niño interior obedezca las reglas que le has puesto, pero que en secreto haga cosas que saboteen tu esfuerzo?

Deja de juzgar para que tu niño interior
pueda ser honesto contigo.

Para acercarte a tu niño interior, debes ir con la mente abierta, aunque el niño te diga algo que te parezca ridículo. Deja de juzgar. No digas cosas como: «Supéralo. Nunca funcionará. No tiene importancia». No juzgues a tu niño interior cuando te devuelva al pasado. Pregúntale qué necesita y qué siente en el presente. Haz preguntas en lugar de hacer afirmaciones.

Por muy irracionales que sean los sentimientos, tu niño interior puede proporcionarte información valiosa sobre tus acciones y comportamientos habituales. Así que no desestimes lo que tiene que decir.

La razón por la que los niños dejan de hablar con sus padres es que éstos no valoran sus opiniones. Tu niño interior quiere sentirse aceptado por su padre interior. Si quieres que tu niño se abra contigo, debes animarle a expresar sus sentimientos y respetarlos. Debes estar dispuesto a escuchar y aceptar lo que te comunique. Desarrolla una buena relación con tu niño interior y éste lo compartirá todo contigo. Si lo dejas de lado, nunca podrás saber cómo se siente realmente.

3. Admite tus errores y pide disculpas

El niño interior guarda mucho dolor, no sólo de tus padres biológicos sino también de tu padre interior. Si en el pasado hiciste algo que le hirió, pídele disculpas. Aunque sea algo que hicieron tus padres biológicos y no sea culpa tuya, discúlpate por no haber estado ahí o por no haber sido lo suficientemente fuerte para protegerlo. También puedes disculparte por haber tardado tanto en reconocer y comprender el dolor de tu niño interior.

Tu niño interior está esperando una disculpa genuina
y sincera.

Es posible que tus padres nunca te pidan disculpas, y que tu niño interior nunca reciba la disculpa que anhela. Entonces, ¿por qué no tomar la iniciativa y pedir perdón al niño? Independientemente de la procedencia de la disculpa, siempre que sea genuina tu niño interior sentirá una sensación de alivio. Él quiere que se reconozcan las dificultades y el dolor que soporta. Una disculpa suavizará el sentimiento de indignación que ha mantenido durante tanto tiempo y le permitirá ser más genuino.

Además, no encubras a tu padre interior cuando comete un error. Asume la responsabilidad y pide disculpas. Tu padre interior no siempre tiene razón ni es más valioso que tu niño interior. Cada uno tiene su propio propósito. Trata a todas las subpersonalidades por igual y tu niño interior confiará más en ti de forma natural.

4. Hay que estar presente con el niño interior

Estar ahí para tu niño interior demuestra que lo quieres. El niño necesita tu tiempo y atención. Cuando el niño recuerda algo del pasado y tiene dificultades para manejar ciertas emociones, el padre tiene que consolarle y calmarle. Si lo haces con la suficiente frecuencia, tu niño interior no sólo se sentirá seguro para comunicarse contigo, sino que también se sentirá amado y comprendido.

Cuando tu niño llore, no lo dejes solo.
Abrázalo y demuéstrale que te importa.

Por el contrario, si tu padre interior está siempre demasiado ocupado e ignora al niño cuando pide ayuda, al final el niño dejará de pedir ayuda y nunca descubrirás lo que realmente necesita. Cuando el niño deja de llorar, puedes pensar que es genial, porque por fin puedes concentrarte en tu trabajo. De lo que no te das cuenta es de que tu niño interior se ha adormecido tanto que se siente impotente incluso para pedir ayuda. ¿De qué sirve pedir ayuda a gritos cuando sabes que nadie va a ir a ayudarte? Cuando llegas a este nivel, es muy difícil volver a entrar en contacto con tus emociones. Pierdes mucha información valiosa sobre tus acciones y comportamientos cuando te desconectas de tu niño interior.

Lo entiendo. Cuando estás trabajando no quieres que tus emociones se interpongan. Pero no hace falta mucho tiempo para calmar a tu niño interior y demostrarle que te importa. Cuando estés presente, tu niño interior se verá naturalmente influido por tu presencia pacífica. Simplemente haz una pausa y escucha. También puedes hacer preguntas con un tono suave, si es necesario, como por ejemplo: «¿Por qué te sientes así?» O reconocer a tu niño interior diciendo cosas como «yo te escucho y te quiero».

Durante mi episodio de depresión, a menudo sentía una punzada de frío en el brazo izquierdo. Ahora que mi depresión ha desaparecido, cada vez que siento miedo o pena, mi mano izquierda, especialmente el pulgar izquierdo, se siente frío. Intuitivamente, calmo esta parte de mi cuerpo sujetando el pulgar izquierdo con la mano derecha. Como resultado, me siento mucho mejor, más cómodo y más tranquilo. No estoy seguro de que exista un nombre para esta técnica, pero te invito a probar mi método.

El dolor se experimenta en el cuerpo. Puede que no recordemos el trauma de nuestra infancia, pero el cuerpo recuerda el dolor y los acontecimientos que lo causaron. *El cuerpo lleva la cuenta* de Bessel van der Kolk (Editorial Eleftheria, Madrid 2020) y *Curar el trauma* de Peter A. Levine y Ann Frederick (Urano, Barcelona 1999) tratan este tema con detalle.

No tienes que perderte en las emociones de tu niño interior ni hacer nada tangible para resolver el problema. Sólo tienes que estar ahí cuando el niño necesite un pilar en el que apoyarse. Esto ya significa mucho para el niño.

El equilibrio entre protección y crianza

Encontrar el equilibrio entre la protección y la crianza no es fácil. Si estableces un límite demasiado estricto sin mostrar amor por tu niño interior, éste no confiará en ti lo suficiente como para compartir su dolor emocional contigo. Podría sabotearse a sí mismo de forma inconsciente y no estar dispuesto a cooperar o a seguir las reglas que su padre interior ha establecido. Cuando tus reglas se encuentran con resistencia, puede ser incluso peor que no tener reglas en absoluto.

Sin embargo, si alimentas a tu niño interior en exceso sin tener límites, puedes verte absorbido por sus historias. Puedes acabar pasando días reviviendo recuerdos y emociones del pasado y perder el contacto con el momento presente. También es posible que tu niño interior te lleve por un camino que luego lamentarás.

La atención plena ayuda a unir ambos elementos.

Para crear equilibrio entre las funciones de protección y crianza, es necesario tener un cierto nivel de conciencia y atención. Traer al yo espiritual (el observador) te ayudará a ser consciente del desequilibrio entre las dos funciones. Cuando te des cuenta de que tus normas y límites se encuentran con resistencia, es el momento de que el padre interior deje de enfocarse en el ego y se tome su tiempo para comprender por qué el niño interior se resiste tanto. Si las emociones y los sufrimientos del pasado que el niño está trayendo a tu conciencia son demasiado para ti, tendrás que estar presente y dar un paso atrás en esas historias. En esencia, tu ser espiritual es el guía interior y el amor en el que tu padre puede confiar para proteger y nutrir al niño.

Ahora que hemos dotado a nuestro padre interior de las habilidades necesarias para amar y cuidar a nuestro niño interior, es el momento de profundizar un poco más y ayudar al niño a curar sus heridas del pasado.

TERCERA PARTE

Sanar al niño interior

7

Descubre el dolor de tu infancia

«Cultivamos el amor cuando permitimos que nuestros yos más vulnerables y más poderosos se vean y se conozcan profundamente.»

BRENÉ BROWN, *LOS DONES DE LA IMPERFECCIÓN*

«Es probablemente la decimoquinta vez que ensayo para la presentación del vídeo, así que ¿por qué sigo emocionándome y se me saltan las lágrimas?» Me dije a mí mismo.

En septiembre de 2015, en el mismo programa para emprendedores mencionado en el capítulo 4, se nos encomendó la tarea de grabar dos vídeos sobre nuestro negocio. Como yo no tenía un negocio y no tenía claro el tipo de empresa que iba a describir, decidí grabar dos vídeos para mi libro, *Fearless Passion*. Uno de los vídeos sería un *book-trailer* y el otro sería una breve parábola sobre la luna que estaba incluida en el libro. No tenía ningún problema con el primer vídeo. Fui capaz de elaborar rápidamente el guión, el diseño gráfico y las tomas necesarias para el tráiler. Sin embargo, cuando llegó el segundo vídeo, me quedé atascado.

La parábola de la luna fue escrita hace una década, cuando me sentía melancólico y solo una noche mientras miraba la luna. En el vídeo quería compartir cómo llegué a escribir la historia y mis experiencias de baja autoestima en la escuela secundaria. Pero cuando hablaba de que me sentía abandonado por mis compañeros en la escuela, y de cómo le aseguraba a mi madre que todo estaba bien aunque no fuera así, me atragantaba y no podía continuar.

No tenía ningún sentido. Estos incidentes ya formaban parte del pasado. «Todo ocurrió hace casi dos décadas, así que ¿por qué me sigue afectando? ¿No he dejado atrás estos incidentes? ¿Debo hacer este vídeo o no?» Estaba preocupado, pero pensaba que al final podría superar mis emociones, así que continué con los ensayos.

Llegó el día en que debíamos grabar nuestros vídeos. Me puse nervioso porque no me había dado cuenta de que habría tanta gente viéndome grabar el vídeo. El primero salió bien, como era de esperar. Sólo tuve que leer un guión que había preparado previamente. Pero el público se quedó a ver el segundo vídeo.

«¿Qué voy a hacer?»

Respirando profundamente, empecé a regurgitar lo que recordaba. Pero a mitad del vídeo, empecé a sollozar incontroladamente de nuevo. Me sentía más emocionado que durante los ensayos. No había llorado así delante de tanta gente desde que era un niño de primaria. «¿Qué me pasa? ¿Por qué no puedo detener mis lágrimas? ¿No he llorado ya bastante?» Cuanto más me resistía a llorar, más sollozaba. El público estaba sorprendido por mi muestra de emoción y yo no sabía cómo reaccionar. Pero el camarógrafo, que era mi amigo, no daba señales de detenerse y tampoco lo hicieron mis lágrimas. Así que continué y terminé el vídeo, medio sollozando y medio hablando.

Al final del vídeo, me sentí avergonzado y a la vez aliviado. Se suponía que era un vídeo de negocios, pero acabó convirtiéndose en una sesión de terapia pública para mí. Como resultado, recibí puro amor, apoyo y empatía de mis amigos. Pensaron que era valiente y auténtico al compartir mi historia y mi vulnerabilidad. Algunos de ellos se sintieron identificados con lo que compartí, y me dijeron que habían tenido sentimientos similares sobre ellos mismos en el pasado.

Mirando ahora hacia atrás, no sé por qué hice ese vídeo. Había muchos otros temas que podría haber elegido. Pero supongo que probablemente era el momento de descubrir algunos de los sufrimientos que había estado evitando durante tanto tiempo.

La herida bien protegida

¿Puedes recordar la mayoría de las cosas de tu infancia?

¿Hay espacios en blanco en tu memoria o experiencias que no quieres recordar o de las que no quieres hablar?

Cuando se pregunta a la gente por su infancia, algunos no recuerdan casi nada o sólo se acuerdan de los recuerdos positivos y felices. Sí, nuestro niño interior tiene un lado alegre, divertido y juguetón. Pero la mayoría de las veces también guarda muchos sentimientos heridos y sufrimientos del pasado. Lo que ocurre es que los hemos olvidado o los hemos bloqueado inconscientemente. Las personas que han sufrido sucesos traumáticos y abusos en la infancia pueden no recordar exactamente lo que les ocurrió. Sus cerebros han reprimido estos recuerdos dolorosos para protegerse y ayudarles a enfrentarse a la vida. Creen que si permiten que esas imágenes o emociones perturbadoras salgan a la luz, no podrán enfrentarse a ellas.

Nuestro padre interior ha instruido a nuestro niño interior para que no exprese su dolor.

Nuestro padre interior no quiere que nos hagan daño. Por desgracia, negar y reprimir nuestro dolor emocional no es una buena manera de resolverlo. En el esfuerzo por protegerlo, también se ignoran las necesidades del niño interior. Esto le deja sin otra opción que expresar su dolor a través de medios sutiles y saboteadores, como los mencionados en el capítulo 2, o a través de un estallido emocional como el que ocurrió durante mi grabación del vídeo.

En mi caso, aunque podía recordar claramente los acontecimientos pasados en la escuela, no me había permitido procesar mis emociones adecuadamente. Era más bien: «Vale, esas cosas ocurrieron en el pasado. Se han acabado. Puedo entender por qué me sentí excluido en la escuela y por qué los niños pequeños se comportan de esa manera. Pero ahora que soy un adulto, estoy bien». No ha habido ningún reconocimiento de las emociones y las dificultades por las que pasé cuando era adolescente. En otras palabras, no me he permitido sentir completamente los sentimientos que siempre han estado ahí, almacenados por mi niño interior.

Cuando éramos niños, no sabíamos cómo manejar nuestras heridas emocionales. En lugar de tratarlas inmediatamente, las tapábamos. Los niños se tapan los ojos cuando ven algo aterrador. Fuera de la vista, fuera de la mente, ¿verdad? A medida que crecemos, nuestro padre interior añade más y más capas de protección hasta que el dolor no es visible en ninguna parte.

Nuestro niño interior ha sufrido mucho, pero no podemos reconocer su dolor. El dolor está enterrado en lo más profundo de nuestro subconsciente, donde está bien protegido por el padre interior. Es como poner una venda en una herida no tratada. He ido quitando capas y capas de protección sin darme cuenta de que la herida sigue sin cicatrizar bajo la venda. Cuando estoy a punto de quitar la última capa de la venda, puedo ver el dolor que he estado ignorando durante tanto tiempo y me asustan mis emociones crecientes e intensas.

Podemos elegir ignorar a nuestro niño interior y su dolor, pero eso no significa que la herida no esté ahí o que esté completamente curada. Las heridas siguen existiendo y el niño interior sigue esperando que eliminemos las vendas y sanemos sus heridas.

Retirar las vendas capa a capa

En una ocasión, mi amiga escritora no estaba segura de estar emocionalmente preparada para escribir sus memorias porque todavía sentía dolor y derramaba lágrimas por él. Mi respuesta fue: «Nunca puedes estar emocionalmente preparada para el dolor. Si no, no se llamaría dolor».

Hace falta valor para afrontar el dolor, y entiendo que no es fácil. Nuestra mente nos hace pensar que no somos lo bastante fuertes para manejar el dolor. Pero si no estás en contacto con el dolor, o no lloras las lágrimas que se supone que debías llorar cuando eras un niño, las emociones siempre estarán atrapadas en tu cuerpo y dictarán tus acciones y comportamientos. Además, no estamos hechos para guardarnos nuestras emociones dentro. Puede conducir a enfermedades mentales o a otras enfermedades físicas crónicas. No subestimes el impacto que pueden causar las emociones reprimidas.

Tu dolor necesita ser reconocido y aceptado.

Hay que reconocerlo y liberarlo. Evitar el dolor es lo mismo que negarlo. No tienes que compartir tu pasado con otras personas si tienes miedo de ser juzgado o si te hace sentir incómodo. Tampoco tienes que enfrentarte a tu dolor de golpe. Cuando las personas heridas se quitan las vendas, lo hacen lentamente y con cuidado, capa a capa. No se arrancan las vendas de golpe. A veces, también necesitan la ayuda de médicos y enfermeras.

Si estás revisando las heridas de tu infancia por primera vez después de mucho tiempo, o si tuviste una infancia especialmente traumática, puede que no sea prudente quitar todas las vendas a la vez por ti mismo. Es posible que algunos de nosotros no seamos capaces de manejar las intensas emociones que se han estado escondiendo bajo la superficie y que podrían ser potencialmente peligrosas, especialmente aquellos que no hemos estado practicando la atención plena. Es posible que necesitemos a alguien que sea consciente y compasivo, como un maestro espiritual o un terapeuta que nos ayude y guíe.

Sanar el dolor de nuestra infancia requiere tiempo y múltiples sesiones de desahogo. Somos tan buenos protegiendo nuestro dolor emocional que no nos damos cuenta de que se ha convertido en algo importante. Comprender los diferentes mecanismos de protección que tu padre interior ha puesto en marcha te ayudará a eliminar las vendas una a una, capa a capa, para que puedas llegar a la profundidad de tu dolor emocional y liberarlo.

He aquí cuatro capas protectoras que tu padre interior puede haber usado para enmascarar tus sentimientos heridos.

Capa 1: Negación

«¿Qué dolor? No hay ningún dolor. Tuve una infancia feliz.» La negación es la capa de defensa más difícil de abrir. Si una persona no reconoce que sigue aferrada al dolor, ¿cómo puede liberarlo?

La negación adopta muchas formas. Como se ha mencionado anteriormente, algunos de nosotros tenemos recuerdos reprimidos. No recordamos nuestras experiencias de la infancia y el sufrimiento por el que hemos pasado. Otros pueden recordar sus experiencias infelices, pero optan por ignorarlas. Para el resto de nosotros, la negación puede adoptar la forma de devaluar la importancia de nuestro dolor y adormecer su intensidad. En el fondo, sabemos que el dolor está ahí, pero lo dejamos de lado y fingimos que no existe o que es insignificante.

Tanto si lo hacemos de forma intencionada como inconsciente, negar el dolor de nuestra infancia nos ayuda a evitar nuestro pasado y a no volver a sentir emociones incómodas. Pero no ser consciente de tus heridas emocionales no significa que no estén ahí. Al negar nuestro dolor, podemos acabar estancados en esta etapa durante mucho tiempo.

Remedia la negación con autenticidad.

¿Te has encontrado con personas que te han dicho que no están enfadadas o disgustadas contigo a pesar de que parecían enfadadas y disgustadas cuando hablaban contigo? A muchos de nosotros nos han educado para creer que no es bueno expresar o tener sentimientos. Cuando los niños lloran, ¿qué hacen la mayoría de los padres? Les piden que dejen de llorar. Rara vez se ve a un padre reconociendo las emociones de sus hijos. A la mayoría de nosotros nos enseñan a negar nuestras emociones mientras crecemos, por lo que es fácil perder el contacto con ellas.

Para eliminar esta capa protectora, tienes que ser auténtico con todos tus sentimientos. Si te sientes enfadado por algo, tienes que reconocer la existencia del enfado. Esto no significa que tengas que actuar de acuerdo con tus sentimientos, pero es importante que te admitas a ti mismo que tienes esos sentimientos.

Una cosa buena que surgió de mi experiencia de volver a mi anterior empresa es que me volví más consciente y aceptaba mis sentimientos. En el pasado, continuaba con mi trabajo e intentaba hacer frente a la molesta e infeliz voz en mi cabeza. Esta vez, pude ser más abierto con lo que sentía y le decía a todo el mundo lo estresado que estaba. En lugar de fingir que estaba bien y mantener la imagen de que podía hacer cualquier cosa, sentía una sensación de alivio al ser honesto con mis emociones, no sólo frente a los demás, sino sobre todo frente a mí mismo.

Capa 2: Ira

Cuando reconocemos que nuestra infancia no fue tan agradable como pensábamos, la mayoría de nosotros sentimos cierto nivel de ira y resentimiento por la situación o por nuestros padres. Al igual que la negación, estas emociones nos protegen de sentirnos heridos.

Cuando culpamos a otra persona de nuestras experiencias, nos centramos en la otra persona, no en nosotros mismos. Desviamos nuestra atención de nuestras heridas emocionales.

Veamos primero la ira. La ira lleva consigo mucha energía. Es difícil de ignorar, a no ser que seas alguien como yo, acostumbrado a adormecer su ira desde que era joven. Para la mayoría, es más fácil gestionar la ira y el enfado que las emociones dolorosas como la vergüenza y el miedo. Es más fácil enfadarse con otra persona que con nosotros mismos. Algunos preferiríamos tener una relación distanciada con nuestros padres que sentirnos indignos e impotentes en su presencia. Pero el enfado no es más que una tapadera para otras emociones.

Por debajo de la ira, hay sentimientos heridos.

Podemos dejar a nuestros padres y odiarlos por haber hecho nuestra infancia desgraciada, pero eso no nos hará sentir mejor. Aunque nuestro enfado haya disminuido al alejarnos de nuestros padres, todavía puede desencadenarse fácilmente por otras situaciones que se asemejan a nuestras experiencias de la infancia. Si te sentiste descuidado de niño o fuiste muy criticado por tus padres, sentirás lo mismo cuando otros te ignoren o critiquen. No importa si tus padres siguen aquí o no. Otra persona puede hacerte sentir lo mismo cuando se desencadene el dolor que lleva tu niño interior.

Bajo cada sentimiento de ira, hay sentimientos de abandono, de vergüenza, de miedo, de no ser querido y de no ser comprendido. Me di cuenta de que el enfado que tenía por mi trabajo no era más que la forma que tenía mi niño interior de expresar su miedo constante a no ser lo suficientemente bueno. Creía que no podía cumplir los plazos y hacer el trabajo a tiempo. No sólo tenía miedo de decepcionar a los demás, sino que no quería arriesgarse a fracasar y sentirse inferior delante de ellos. Cuando pude profundizar, entender cómo se sentía mi niño interior y mostrarle compasión, la ira que sentía se disolvió en forma de ansiedad (que es realmente lo que se esconde detrás de la ira). Entonces pude tratar mi miedo como corresponde y concentrarme en mi trabajo.

Capa 3: Resentimiento

Los que no estamos en contacto con nuestra ira, la mayoría de las veces acabamos sintiéndonos resentidos. El resentimiento es un pariente lejano de la ira. Son similares, salvo que el resentimiento es más persistente y conlleva menos energía que la ira. Estaremos resentidos con nuestros padres si creemos que nos trataron injustamente y que nos merecíamos algo mejor. Sin embargo, en lugar de comunicar nuestros sentimientos directamente, dejamos que nuestra indignación se encone bajo la superficie y nos volvemos pasivo-agresivos.

Aunque queramos a nuestros padres, también les culpamos por no habernos dado el amor que anhelábamos cuando éramos niños, y tampoco ahora que somos adultos.

Este resentimiento hacia nuestros padres tiene una larga historia. Cuando éramos niños, algunos de nosotros podíamos intentar cambiar nuestra forma de ser para complacerlos. Nuestros padres son los parientes más cercanos que tenemos en este mundo, y queremos tener una buena relación con ellos. Intentamos cumplir sus expectativas, basándonos en nuestra interpretación de lo que creemos que hará que nos quieran. Si creemos que a nuestros padres les gusta que estemos callados, haremos todo lo posible por estarlo. Si creemos que nuestros padres nos elogiarán cuando saquemos buenas notas, estudiaremos mucho para conseguirlo. En el fondo, queremos que nuestros padres estén orgullosos de nosotros y nos quieran incondicionalmente.

Sin embargo, algunos nos dimos cuenta de que nuestros padres nunca estarían contentos. O bien tenían unas expectativas demasiado altas sobre nosotros, o bien esperaban que hiciéramos algo que no éramos capaces de hacer. Por ejemplo, si tienes TDAH y no te lo diagnosticaron pronto, probablemente pasaste por un periodo de tiempo en el que tus padres te sentaban y esperaban que hicieras los deberes tranquilamente, pero tú estabas inquieto y no podías quedarte sentado. Esto pudo crear muchos malentendidos entre tus padres y tú. Lo mismo ocurre cuando tienes rasgos de personalidad diferentes a los de tus padres. Quizás eres introvertido y te encanta quedarte en casa, pero ellos quieren que seas más extrovertido y te relaciones con los demás niños. Quizá seas empático y sensible, pero tus padres detestan la expresión de las emociones y quieren que seas duro. Puede que quieran que seas algo que no es natural en ti.

El resentimiento ayuda a enmascarar el sentimiento de no ser aceptados por nuestros padres.

La mayoría de nosotros no queremos estar resentidos con nuestros padres. Pero nuestro resentimiento empieza a crecer cuando invalidan constantemente nuestro sentido del yo. No podemos evitar quejarnos o culparles por ser demasiado críticos, narcisistas y controladores. Algunos de nosotros también podemos creer que nuestros padres tratan a nuestros hermanos, a su trabajo o a sí mismos mejor que a nosotros.

A primera vista, parecemos estar decepcionados y amargados. Nos esforzamos mucho por complacerlos y cambiar su opinión sobre nosotros, pero nada parece funcionar. En el fondo, hay un profundo sufrimiento, porque nuestros padres nunca nos han aceptado, a pesar de que hemos buscado su amor y aprobación desde que éramos muy pequeños.

Capa 4: Culpabilización

Algunas personas utilizan la ira para evitar sentirse mal consigo mismas, mientras que el resto de nosotros utilizamos la autoculpabilización para adormecer nuestra ira hacia nuestros padres. En lugar de dirigir nuestra ira externamente hacia ellos, la dirigimos hacia nosotros mismos.

Al crecer, pensábamos que éramos la causa de las acciones de nuestros padres o que merecíamos que nos trataran mal. Por ejemplo, nuestra justificación podría ser que nos criticaban o castigaban por nuestro propio bien. Creíamos que no éramos lo suficientemente buenos, por lo que necesitábamos que nos disciplinaran con dureza. Tal vez, cuando nuestro progenitor facilitador no hizo nada para salvarnos del abuso y el trauma causados por el progenitor abusivo, pensamos que no éramos lo suficientemente dignos de amor o importantes para que el progenitor facilitador hiciera algo al respecto. Puede que incluso nos culpemos a nosotros mismos por no protegernos, escapar o hacer algo con respecto a nuestras experiencias traumáticas, a pesar de que sólo éramos niños y no teníamos capacidad para defendernos o huir.

Algunos de nosotros también fuimos educados para creer que es inapropiado enfadarse con los demás, especialmente con nuestros padres. Nos sentimos culpables por estar enfadados con ellos. Así que defendemos sus comportamientos con razones y racionalización, y nos culpamos a nosotros mismos en su lugar.

La autoculpabilidad es donde residen muchos de nuestros sentimientos heridos, pero hay algo más.

Incluso más profundos que la vergüenza, son los sentimientos de miedo y pena. Cuando éramos niños, temíamos que si no éramos lo suficientemente buenos nuestros padres ya no nos querrían y nos abandonarían. Probablemente, lo más doloroso era pensar que nunca nos habían querido y que nunca lo harían. Se supone que nuestros padres nos quieren, pero a menudo nos hacen daño, ya sea intencionadamente o no. Esta constatación de nuestra pérdida de amor familiar es tan devastadora que preferimos culparnos a nosotros mismos por su incapacidad para amarnos.

La autoculpabilización es una forma muy cómoda de explicar las acciones de nuestros padres y de desviar nuestro miedo y nuestra pena. Mientras conozcamos la razón por la que se comportan como lo hacen, tendremos algo en lo que trabajar y complacerlos. Si crees que no eres digno de ser amado o que no eres importante, asumirás que tienes que hacer las cosas que crees que harán que tus padres te quieran o se fijen en ti. Hay un camino para conseguir satisfacer tus necesidades.

Por otro lado, si no tienes ni idea de por qué tus padres te tratan como lo hacen, vivirás constantemente con miedo y depresión. No hay nada que puedas hacer para conseguir el amor de tus padres. Si tus sueños de ser amado se ven truncados y no hay un camino claro para satisfacer tus necesidades, es probable que te sientas desesperado e impotente. Por eso nuestra mente nos busca algo en lo que trabajar. Que sea una percepción correcta o incorrecta no viene al caso.

Esencialmente, estamos utilizando la culpa para protegernos de nuestro miedo y dolor innatos como niños. Sigue siendo una capa protectora y no nos detenemos aquí.

Cuando el dolor se expresa

A medida que descubres el dolor de tu infancia, puede que te resulte difícil eliminar tus mecanismos de protección. La mayoría de la gente no está dispuesta a llegar a la cuarta capa porque puede ser la más dolorosa. Si no eres consciente y cuidadoso, es fácil que te veas absorbido por tu pasado y acabes habitando y consintiendo en él, y perdiéndote en la autoculpabilización y el victimismo. Tal vez, como me ocurrió a mí, puedas perder el control de tus emociones y sufrir una crisis nerviosa. Por eso la mayoría de la gente evita la cuarta capa. Prefieren quedarse en la capa de negación, ira y resentimiento porque se sienten más cómodos y seguros.

Sin embargo, si eres capaz de profundizar en tus sentimientos, descubrirás que el dolor no es tan horrible como lo imaginabas. Cuando llevas mucho tiempo caminando por un túnel oscuro, el primer rayo de sol te va a hacer daño en los ojos. Pero si sigues el camino a pesar de la incomodidad inicial, pronto encontrarás la salida.

Las emociones son energía. Cuando estás trabajando con tu dolor, puedes descubrir que tus emociones se expresan intensamente en algunas partes de tu cuerpo. Por ejemplo, cuando tenía miedo, descubrí que me temblaba la mano izquierda, y cuando me sentía enfadado, se me tensaba el pecho. Ser consciente de estas sensaciones y tensiones corporales internas puede ayudarte a disminuir la intensidad del dolor. También te indica exactamente en qué parte de tu cuerpo es necesario el autocalentamiento para que puedas calmar esas partes en consecuencia. Hay varios métodos de autocalentamiento que puedes usar, como dar golpecitos o acariciar y sostener las partes del cuerpo donde las emociones son más fuertes. Imagina cómo calmarías a un bebé que llora y haz lo mismo contigo mismo. Una vez procesadas estas emociones, te sentirás mucho mejor.

La autocompasión surge de forma natural después de eliminar la capa de la autoculpabilidad y las percepciones negativas de uno mismo. Cuando te culpas a ti mismo, es difícil encontrar autocompasión. Pero cuando reconoces que tu percepción negativa de ti mismo es sólo una capa protectora y tu autojuicio es falso, es mucho más fácil desarrollar autocompasión. En lugar de pensar que no vales nada, te darás cuenta de que tienes miedo de ser percibido como un inútil delante de tus padres. Como todos los niños, tienes miedo de perder el amor de tus padres y perder la conexión con ellos. Cuando te des cuenta de que todos hemos experimentado algún tipo de miedo e impotencia de pequeños, y que no es tu culpa, tendrás más compasión hacia ti mismo.

La atención plena te ayuda a crear un espacio entre tú y tu niño interior.

La atención plena es la clave para evitar verse arrastrado a una espiral descendente y perderse en el drama del pasado. Tienes que ser plenamente consciente de que las emociones, las lágrimas y el sufrimiento que experimentas en el presente son producto de tus recuerdos del pasado. No es lo que eres en este momento. Ya no eres tu niño interior. Sólo le permites expresar y procesar sus sentimientos olvidados y descuidados desde hace tiempo.

Cuando seas consciente, las lágrimas que llores serán de compasión y empatía por tu niño interior. No son lágrimas de victimismo y desesperación. Hay un espacio entre tú y el niño. Puede que te sientas triste por haber tenido que pasar por tantas experiencias negativas cuando eras joven, pero te darás cuenta de que ya no eres ese yo del pasado.

Se trata de ser abierto y curioso. Cuando vuelvas a recordar las experiencias de tu infancia, examínalas con curiosidad en lugar de oponer resistencia. Deja que afloren todas las emociones que has estado reteniendo durante tanto tiempo y obsérvalas. Si no has sentido el dolor durante todos estos años, es comprensible que necesites pasar algún tiempo allí y procesar la emoción varias veces. Cuando percibas algo que parezca inexacto o dudoso, es una buena oportunidad para aclararlo también con tus padres o hermanos.

8

Acabar con el juego de la culpa

«Hay una fecha de caducidad para culpar a tus padres por dirigirte en la dirección equivocada; en el momento en que tienes edad para tomar el volante, la responsabilidad recae en ti.»

J. K. ROWLING

¿Qué tienen en común las tres capas de protección: la ira, el resentimiento y la culpabilización? El sentimiento de culpa. Responsabilizamos a otra persona o a nosotros mismos de alguna dificultad o falta para evitar sentir el dolor del niño interior.

Nuestra mente se apresura a encontrar a alguien a quien culpar. Tiene una razón para todo lo que ocurre y necesita encontrar la causa de nuestros problemas para que podamos actuar. Una vez asignada la causa del problema, podemos decidir cómo evitarlo, resolverlo o eliminarlo. Este es nuestro instinto básico de supervivencia. Los seres humanos estamos constantemente preocupados por amenazas y peligros, y puede que culpemos a los demás más a menudo de lo que creemos. Por ejemplo, cuando intentamos cambiar a nuestros padres, les damos la espalda o cortamos el contacto con ellos, transmitimos la energía de que ellos tienen la culpa y tienen que hacer algo al respecto. Aunque no les culpemos verbalmente, lo hacemos indirectamente con nuestras acciones y comportamientos.

Culpar no quita el dolor, mantiene el dolor intacto.

Culpar implica desviar nuestra atención de nuestro sufrimiento y dirigirla hacia otra persona. Puede parecer que nos sentimos mejor cuando culpamos a otra persona. Pero la verdad es que los sentimientos de dolor persisten. Simplemente se ocultan y se evitan.

La culpa emite una energía agresiva y exigente. Cuando culpas a alguien, es como decir: «Tú me haces sufrir. La culpa es tuya. Yo tengo razón. Te equivocas. Pide disculpas ahora». Cuando una persona culpa a otra, empieza el juego de la culpa. Alguien tendrá que aceptar la culpa para que el juego se detenga. Para ello, el ego de esa persona tendrá que encogerse un poco, ¿y qué ego en el mundo querría hacer eso? El juego de la culpa es interminable. El orgullo nos impide aceptar la culpa y pedir disculpas a los demás. Cuando culpas a otra persona, lo que suele ocurrir es que automáticamente se activa su ego para defenderse de tu acusación y proteger su identidad positiva. Si atacas un rasgo positivo que la otra persona aprecia, lo verá como una amenaza inmediata a su autoimagen. Naturalmente, desviará la culpa hacia ti o la atribuirá a otra persona o cosa.

El interminable juego de la culpa

Cuando culpas a tus padres

En general, es difícil para cualquier padre aceptar que sus hijos le culpen. Al fin y al cabo, han invertido muchos años y mucho dinero en criarlos. Tus acusaciones les harán sentirse traicionados. Probablemente se ven a sí mismos como buenos padres, o al menos decentes. Su ego no les permitirá creer que son capaces de hacer algo que perjudique a su hijo. Aceptar la culpa sería como matar la buena imagen paternal que tienen de sí mismos. Es posible que tus padres no quieran hablar de cómo te han hecho daño, o que finjan que algún incidente destructivo nunca ocurrió porque las emociones negativas que experimentarían podrían ser demasiado insoportables.

Además, a los padres les puede resultar difícil entender y aceptar que tienen la culpa. Si tienes unos padres estrictos, puede que ni siquiera perciban sus críticas o castigos como algo malo o hiriente. Si lo hicieran, habrían dejado de hacerlo. La mayoría de ellos piensan que te hacen un favor al señalar tus errores y disciplinarte. Es posible que algunos padres ni siquiera recuerden lo que hicieron en el pasado, porque (a diferencia de ti) el hecho no les causó una profunda impresión.

*Cuando culpas a alguien de algo, sólo tú o la otra parte
podéis acabar con la culpa.*

Cuando culpas a tus padres, en realidad estás cediendo tu poder. Estás dejando que ellos decidan si quieren aceptar la responsabilidad o no. Si no son reflexivos, acabarás persiguiendo una disculpa que nunca vas a conseguir. Para resolver tu dolor, lo más probable es que tengas que acabar con el juego de la culpa. Tienes que estar en contacto con tu propia ira y tus sentimientos heridos, y luego dejarlos ir. Si esto no es posible, tendrás que ser tú quien deje de lado su orgullo y pida ayuda... a tus padres.

En su libro *El verdadero amor*, el monje budista Thich Nhat Hanh menciona el cuarto mantra del amor: «Estoy sufriendo y necesito ayuda.» Se trata de un mantra muy sencillo, pero que resulta muy difícil de pronunciar a causa de nuestro orgullo. Y sigue explicando: «Queremos demostrar a la otra persona que sin ella podemos sobrevivir muy bien. Es una forma indirecta de decir: "No te necesito". Pero eso no es cierto. De hecho, cuando sufrimos, necesitamos a los demás, pero solemos decir lo contrario».

Cuando tus padres te hacen daño, en lugar de sufrir a solas o culparles, puedes enfocarlo de forma más sencilla. Puedes decirles algo así: «Aprecio nuestra relación, pero me he sentido herido por vuestras acciones. No puedo dejarlo pasar y necesito vuestra ayuda para curar mi dolor. No entiendo por qué hicisteis o dijisteis lo que hicisteis y dijisteis. Por favor, explicádmelo y ayudadme a entenderlo». Esto da una sensación muy diferente a la de culpar a la otra persona. Es más probable que tus padres respondan de forma amable y aclaren cualquier malentendido.

Cuando tus padres te culpan

A veces, uno de tus padres, o ambos, comienzan el juego de la culpa y tú participas en él sin saberlo. Por ejemplo, tus padres pueden culparte de hacerles infelices porque no haces lo que te han dicho que hagas. Para evitar que nuestro ego se resienta, la mayoría de nosotros desviamos la culpa acusando a nuestros padres de ser demasiado controladores, de no comprender, etc.

Lo ideal es que sea la persona que empezó el juego quien lo termine. Pero ¿qué pasa si tus padres no son lo suficientemente conscientes como para hacer esto? ¿Qué puedes hacer tú?

El primer paso es dejar de juzgar a tus padres y no entrar en el juego de la culpa. Las acusaciones de tus padres pueden irritarte o molestarte, pero en realidad ellos no son ni buenas ni malas personas. Sus opiniones no son ni correctas ni incorrectas.

En una relación no hay nada bueno o malo,
sólo diferentes perspectivas, creencias
y visiones del mundo.

La percepción de cada uno es diferente. Todos tenemos «razón» según nuestra propia realidad y percepción. Por ejemplo, imagina un concurso de canto. Dos jueces pueden ver la misma actuación y, sin embargo, tener opiniones muy diferentes. A uno le puede gustar y al otro no. Ambos tienen razón, basándose en sus propias preferencias y su conocimiento de lo que es una buena canción, pero ninguno de sus juicios es la verdad absoluta. La actuación no es buena ni mala; sólo puede ser buena o mala desde el punto de vista del juez. Si alguien gana el concurso, sólo significa que los jueces, como colectivo, favorecen esta actuación más que las otras. Esto no significa que todos hayan disfrutado de la actuación.

En la mayoría de los casos, es difícil juzgar quién tiene razón y quién no. Cuando tus padres te regañan o te castigan con buena intención, ¿tienen razón o no? Cuando tus padres se sienten heridos por tus acciones o tu inacción, aunque nunca hayas tenido la intención de hacerles daño, lo cierto es que sufren. Entonces, ¿tienen razón al culparte de su sufrimiento?

El segundo paso es no aceptar la culpa que te echan tus padres. En otras palabras, no te culpes por haber hecho infelices a tus padres ni te sientas culpable y avergonzado por ello. Esto no significa que no tengas que reflexionar sobre tus acciones, intentar comprender su punto de vista o hacer algo para aliviar la situación. Pero debes saber que lo hiciste lo mejor que pudiste con la conciencia que tenías en ese momento y que tú no eres responsable de la felicidad de tus padres, sino ellos.

Por ejemplo, mis padres. Creen que tener un trabajo estable me hará feliz. Pero, desde mi punto de vista, eso no es lo que quiero en la vida. Aunque su intención es buena, me hace infeliz seguir sus sugerencias. Puedo compartir mis perspectivas con ellos todo el día, pero no puedo ayudarles a manejar sus emociones, a gestionar sus expectativas sobre mí y a aceptar la situación.

Por mucho que me duela verlos sufrir, en última instancia, sólo ellos mismos pueden aliviar su sufrimiento.

El ego necesita determinar quién tiene la razón y quién se equivoca pero, nuestro verdadero yo, no.

Querer tener la razón no te proporcionará una solución. Cuando alguien te culpe, niégate a aceptar la energía agresiva que conlleva culpar y evita el impulso de encontrar a otra persona a la que culpar por tu parte. Si aceptas esa energía y te sientes agraviado por tus padres, estás dejando que la energía agresiva se extienda por tu cuerpo. Lo más probable es que la ira que hay en ti se desate para desviar la culpa hacia tus padres y el juego de la culpa continuará. Pero, si no aceptas la culpa, la energía agresiva no tendrá nada de lo que alimentarse y se difuminará por sí sola.

Por ejemplo, si tus padres te culpan por haber desordenado la casa y no eres tú quien lo ha hecho, puedes hacérselo saber y seguir ordenando. No tienes que estar resentido con ellos por tener una percepción equivocada de ti. Esto es lo que me pasó un día en el baño. La limpiadora me acusó de volcar la papelera. Le dije que no había sido yo. Entonces recogí la basura y salí del baño. Podría haber discutido con ella, estar resentido todo el día y sentirme indignado por la acusación. Pero, en cambio, elegí no aceptar la acusación ni la energía que me dirigía. Decidí no dejar que el incidente me arruinara el día.

¿Por qué perdonar?

Si ninguna de las partes abandona el juego de la culpa, la relación suele acabar distanciada. Ambas partes dejan de hablarse. En la superficie, ambas partes parecen indiferentes hacia el otro, pero en realidad siguen manteniendo los sentimientos heridos.

No siempre es fácil perdonar a alguien y dejar de lado la culpa, especialmente cuando tus padres no están ahí para explicar o disculparse por sus acciones. En ese caso, ¿cómo vas a adquirir nuevas perspectivas y perdonarlos?

Antes de hablar de cómo perdonar, es importante entender por qué el perdón es esencial. Muchas personas tienen la idea errónea de que, cuando perdonamos a alguien, lo hacemos por la otra persona. Pensamos que la otra persona tiene la intención de hacernos daño, pero al dejarla libre de culpa estamos apoyando sus acciones erróneas y dejando que se salga con la suya. Creemos que nuestros padres deberían haber sabido no hacernos esto, por lo que no merecen nuestro perdón.

Tú eres el principal beneficiario de tu perdón.

Perdonar no es para la otra persona; es para ti. Puede que pienses que, al aferrarte a tu ira, podrás castigar a la otra parte de alguna manera. Pero la única persona a la que castigas es a ti mismo. Si alguien debe sentirse culpable y avergonzado por su acción, lo hará. Y si no cree que tiene la culpa, por mucho que le odies, no se va a arrepentir.

Aunque aceptar las disculpas de los demás a menudo ayuda a aliviar nuestro dolor, perdonar consiste sobre todo en darnos tranquilidad a nosotros mismos. Aferrarse al rencor es lo mismo que aferrarse al sufrimiento. No deshace las malas acciones de tus padres, pero mantiene intacto el dolor de tu infancia. Te atrapa en tu pasado y te impide vivir el presente. Es muy agotador guardar rencor a alguien.

Perdonar tampoco significa que permitas que la otra persona te haga daño repetidamente o que estés de acuerdo con su comportamiento. Puedes alejarte de una persona y no guardarle rencor. Perdonar consiste más bien en dejar de lado el pasado, la culpa y los sentimientos heridos.

Detrás de tus sentimientos heridos, hay amor por tus padres.

La razón por la que te sientes tan herido por tus padres es que, en el fondo, los quieres mucho. Desde que eras un niño, has esperado su aprobación y que te mostraran su amor como tú querías, pero ellos no lo hicieron. Si no te importaran tus padres, no te habrías sentido tan molesto por sus acciones. Te sientes enfadado con ellos porque siempre has sentido que se portaban mal contigo y te traicionaban, y que daban por sentado tu amor. Así que acabas distanciándote de tus padres y conteniendo tu amor.

Para la mayoría de la gente, perdonar significa dejar de sentir ira o resentimiento hacia alguien. Significa perdonar a alguien por sus errores y por lo que te hizo. Sin embargo, perdonar es también una forma de dar. Cuando perdonas, vuelves a abrir tu corazón y eres capaz de amar a tus padres sin reservas. No hace falta hacer nada más que volver a ser los seres naturales y amorosos que todos somos.

¿Por qué negar nuestro amor a nuestros padres, o a cualquier otra persona, esperando escuchar un «lo siento»?

¿Cómo perdonar a tus padres?

Tus padres pueden decidir no reflexionar sobre sus acciones pasadas, pero eso no significa que tú no debas hacerlo. Perdonar es una elección. No puedes ayudarles a elegir, pero puedes elegir tú mismo y no dejar que tus sentimientos heridos sigan dirigiendo tu vida.

Las siguientes sugerencias también se aplican a tu padre interior. Puede que hayas seguido los pasos de tus padres y hayas hecho cosas que hacen que tu niño interior se sienta abandonado. Aquí tienes algunas sugerencias sobre cómo perdonar a tus padres y también a tu padre interior.

1. Acepta tus sentimientos

Cuando intentas perdonar a tus padres, tu niño interior puede sacar más rabia y resentimiento. Al principio, esto puede resultar desagradable. Tu mente puede llenarse de pensamientos de rabia como: «¿Por qué tengo que perdonarlos? Ellos son los que me han hecho sufrir. Como adultos y padres, deberían haberlo hecho mejor». Si te sientes así, recuerda que el perdón es por tu bien, no por el de tus padres.

En lugar de resistirte a estas emociones, acógelas. Déjalas ser. No hay necesidad de reaccionar o expresar tu rabia. Pero, al mismo tiempo, no reprimas tu ira. Recuerda que estas emociones son capas de protección que tu padre interior ha ido colocando para protegerte de tu dolor subyacente. Necesitan ser procesadas antes de que puedas profundizar y comprender mejor tus sentimientos heridos. Calma tu ira estando presente con ella y utilizando la empatía. Puedes decir algo así a tu niño interior: «Estoy aquí para ti. Sé que estás enfadado. Enséñame tu dolor. Compártelo conmigo. Estoy aquí para escucharte». También puedes asegurarle a tu padre interior que puedes lidiar con los sentimientos heridos y que está bien que tu niño interior exprese su dolor. Esto ayudará a tu padre interior a aflojar su agarre y dejar que los sentimientos fluyan de forma natural.

Cuando los sentimientos heridos fluyan en ti,
simplemente acógelos y déjalos estar ahí.

Observa el dolor. Siente tus sensaciones corporales. Habla directamente con la parte de tu cuerpo que se siente herida o que tiene la reacción más fuerte. Aquí es donde el niño interior almacena el dolor emocional. Pregúntale a tu niño interior:

- ¿Por qué te sientes así?
- ¿Qué te hace sentir así?
- ¿De qué tienes miedo?
- ¿Qué puedo hacer por ti?
- ¿Cómo puedo ayudarte a sentirte más en paz?

Por último, invita a tu niño interior a dejar de lado los sentimientos heridos. Si no puede, no pasa nada. No hay necesidad de forzarlo o meterle prisa. Puede que tengas que hacerlo varias veces. Deja que tu niño interior suelte el dolor poco a poco. Siempre que sientas el dolor, ten paciencia. Sólo significa que hay más trabajo interior que hacer y más emociones que soltar. El perdón acabará llegando, con el tiempo, pero primero tienes que tener compasión de ti mismo.

2. Comprende la intención de tus padres

Hace tiempo, tenía curiosidad por saber si mi padre podía llegar a ser capaz de darme ánimos. A menudo señala nuestros errores, desacredita nuestros éxitos y puede ser bastante crítico a veces. Pero nunca había oído a mi padre elogiarme y validarme, ni a nadie más.

Así que un día le pedí a mi padre que dijera tres cosas positivas sobre mí.

«Eres… muy obediente», respondió mi padre titubeando. Pensé para mis adentros: «Bueno, eso no es algo que consideraría positivo, pero vale, lo aceptaré».

«¿Y cuál es la segunda cosa positiva sobre mí?», dije.

Se tomó un tiempo antes de responder: «¿Obediente?»

«¿No es eso lo primero positivo que has dicho de mí?»

Se echó a reír, al igual que el resto de la familia. Entonces le dejé tranquilo porque parecía sentirse muy incómodo. Pero seguía teniendo curiosidad por saber por qué le costaba tanto alabar a sus hijos, así que le pregunté.

«No quiero que seáis unos cabezotas», dijo. En otras palabras, no quería que fuéramos arrogantes y engreídos.

Sonreí. Por primera vez, entendí por qué mi padre hacía lo que hacía, y no era porque yo no fuera lo suficientemente bueno para él o porque no me quisiera.

Puede que tus padres, en el fondo,
tuvieran buenas intenciones, pero se equivocaron
totalmente en la forma.

Nos encanta racionalizar las acciones de los demás en nuestra propia mente. «Mis padres me critican porque no me quieren. Mis padres sólo me quieren si tengo éxito. Mis padres se preocupan más por ellos mismos y por su trabajo que por mí».

Pero ¿cuántas veces les preguntamos a nuestros padres por qué se comportan así?

La mayoría de nosotros «adivinamos» la intención de nuestros padres y asumimos que es la verdad sin aclararlo con ellos. En lugar de preguntarles por qué hacen lo que hacen, juzgamos, culpamos y malinterpretamos basándonos en nuestra percepción de la situación. Pocas veces somos lo suficientemente abiertos para escuchar y dar a nuestros padres la oportunidad de compartir su punto de vista. Creemos que conocemos sus intenciones mejor que ellos.

No digo que las acciones de tus padres sean siempre las mejores. A veces, meten la pata hasta el fondo. Como en el caso de mi padre, al que nunca se le ocurrió que al no dar a sus hijos elogios y aprobación nos estaba haciendo sentir indignos y poco queridos. Él suponía que, si nos felicitaba, nos haría sentir demasiado orgullosos de nuestro éxito y no seguiríamos trabajando tan duro. Sin embargo, en lugar de hacernos más exitosos, no teníamos ninguna motivación para triunfar, porque crecimos pensando: «¿Por qué hay que trabajar tanto? De todos modos, no importa. Nadie va a reconocer mi éxito».

Sólo tus padres pueden ayudarte a comprender plenamente sus intenciones. Pero si ya no están, o si estás en malos términos con ellos y es difícil que habléis, la siguiente mejor alternativa sería tener una charla con tus hermanos y familiares. Aunque sus percepciones también pueden estar sesgadas, al menos podrás obtener otra perspectiva en lugar de centrarte sólo en la tuya. Sucediera lo que sucediera, es posible que tú y tus hermanos lo interpretarais de formas muy diferentes.

3. Haz lo impensable: empatiza

Empatizar con otra persona significa que eres capaz de verte en su situación. Si hubieras nacido en su misma época y entorno, y hubieras tenido los mismos conocimientos que tus padres, podrías haber cometido los mismos errores.

En la vida todos hemos hecho algo «malo» de lo que nos arrepentimos. Por muy cariñosos que sean tus padres, no pueden ser perfectos, nadie puede. Si fuéramos más conscientes y lo hubiéramos sabido, probablemente no habríamos hecho algunas de las cosas que hicimos en el pasado. En lugar de etiquetar a tus padres como malos, controladores o manipuladores, date cuenta de que sólo son imperfectos. La mayoría de las personas no son conscientes de que están motivadas por el miedo. Tampoco se dan cuenta del impacto de su infancia y sus experiencias pasadas en sus decisiones.

No podemos culpar a los demás por ser inconscientes.
Lo hicieron lo mejor que pudieron.

Tengo algunos alumnos que no pueden resolver problemas de matemáticas, por mucho que lo intenten. Sus padres suponen que son perezosos o que no se esfuerzan lo suficiente. Pero la verdad es que no se les puede culpar por no resolver los problemas porque no son capaces de entender aquello que no ven. Sin alguien que les abra a otras perspectivas, seguirán atascándose y no sabrán cómo avanzar. Algunos estudiantes están dotados por naturaleza para las matemáticas. Son capaces de pensar desde diferentes perspectivas y detectar los patrones inmediatamente, mientras que otros están dotados en otras áreas. Es injusto castigar a alguien por no esforzarse lo suficiente cuando lo que le falta es perspectiva y percepción. También es una pérdida de tiempo.

Puedes seguir resentido con tus padres. Pero, por lo que sabes, puede que tus padres ni siquiera se dieran cuenta de lo que hicieron mal. Si tuvieran conciencia y comprendieran plenamente tu punto de vista, podrían haber elegido una forma diferente de actuar. No son capaces de ver tu punto de vista porque están muy obsesionados con el suyo. Creen que, como son tus padres, saben más que tú. Es un hábito que desarrollaron cuando eras joven y dependías de ellos.

Sin embargo, la verdad es que el número de años que nuestros padres son padres es el mismo que la edad de su primogénito. Pasan el mismo tiempo aprendiendo a ser padres que nosotros aprendiendo sobre la vida. ¿Te das cuenta de que cuando se convirtieron en padres por primera vez, realmente no sabían nada sobre la crianza de los hijos? Algunos de ellos ni siquiera se conocían a sí mismos ni sabían cómo quererse a sí mismos, y mucho menos amar a un hijo. Aunque la mayoría de los padres hacen todo lo que pueden para criar a sus hijos, eso no significa que sepan qué hacer o cómo hacerlo.

Como hijo, ¿puedes perdonar y ser paciente con ellos? La crianza de los hijos es un proceso de aprendizaje continuo y permanente. Es imposible ser un padre perfecto. Hay mucho que aprender, y todavía hay muchas cosas que tus padres no saben o todavía están aprendiendo. Podría parecer que el trabajo de los padres es enseñar a sus hijos. Sin embargo, también es cierto lo contrario: los hijos están para enseñar a sus padres. Cada uno de tus padres tiene un niño interior que está sufriendo, pero puede que no se den cuenta. Los errores que cometen tus padres son oportunidades para que ellos crezcan y desafíen su sistema de creencias. Pero, para que eso ocurra, tendrás que darles la oportunidad de cambiar.

4. Vive el presente

Es difícil perdonar, porque a nuestra mente le encanta volver al pasado y reproducir los momentos infelices. Nuestro ego quiere que todo sea personal y sigue activando los sentimientos heridos que tenemos almacenados en nuestro cuerpo. Si estás atento, podrás traer estos sentimientos heridos al momento presente cuando surjan y liberarlos. Sin embargo, si no lo eres, acabarás recordando lo hirientes que fueron tus padres y te aferrarás al odio. Lo primero trata de resolver los sentimientos heridos almacenados actualmente en tu cuerpo, mientras que lo segundo te devuelve al pasado.

El pasado es el pasado. Lo que sucedió, sucedió y no puede ser alterado.

No puedes cambiar lo que sucedió. No puedes cambiar lo que te hicieron, y tus padres no pueden cambiar sus acciones pasadas, aunque quieran. Todo lo que tenemos es el ahora, el momento presente, y todo lo que podemos cambiar del pasado son los sentimientos heridos a los que todavía nos aferramos.

La incapacidad de perdonar a tus padres te mantiene atrapado en el pasado. Míralos bien tal y como son ahora, no la imagen o el juicio que creaste sobre ellos en el pasado. Tus padres pueden haber cambiado. Pueden haber hecho un mal trabajo en el pasado, pero también pueden haber aprendido y crecido. No debemos basarnos en la información del pasado para determinar el presente o predecir el futuro. Sólo puedes apreciar a tus padres por lo que realmente son cuando vives el presente.

Además, tú también has cambiado y algunas de las percepciones que tenías cuando eras joven ya no son necesarias. Si te comportas como el niño que fuiste, provocarás que tus padres te traten de la misma manera que cuando eras ese niño.

Cuando eres capaz de vivir en el presente, el perdón es algo natural. No necesitas recordar las cosas que tus padres hicieron en el pasado. No te debates sobre si está bien o mal perdonarles basándote en hechos que sucedieron en el pasado. Eliges perdonarles y ofrecerles tu amor basándote en tu yo actual, no en tu yo del pasado o en experiencias pasadas.

9

Acepta a tus padres

«El mayor regalo que puedes hacer a los demás es el regalo del amor y la aceptación incondicionales.»

Seis años después de mi viaje de graduación a Taiwán, volví a hacer enfadar a mi padre cuando decidí trabajar como animador gráfico en Malasia durante seis meses.

Para ser justos, hubo otros dos viajes al extranjero entre estos dos acontecimientos que hicieron enfadar a mi padre. El primero fue mi viaje a Estados Unidos justo después del atentado del maratón de Boston en 2013. A mi padre ya le disgustaba que fuera a un país sin un estricto control de armas. Pero, para empeorar las cosas, Boston formaba parte de mi itinerario.

Mi segundo viaje fue a Bangkok en 2014, al mismo tiempo que el ejército tailandés declaraba la ley marcial en todo el país debido a una crisis política y a una protesta. Para tranquilizar a mi padre, fui la única persona de mi grupo de amigos que se retiró del viaje a Bangkok y renunció a su vuelo. Sin embargo, fui a Estados Unidos porque ya había pagado mucho dinero por los vuelos y el alojamiento.

Sin embargo, mi viaje a Taiwán fue muy diferente. Me iba a otro país a trabajar, no de vacaciones. Y estaría fuera seis meses, no sólo una semana. Antes de que el estudio de animación me aceptara, hice la prueba de dibujo y la entrevista de trabajo por Skype a escondidas en mi habitación. Si no me contrataban, mi padre no tendría que enterarse y yo podría seguir con mi vida como siempre.

Pero, como ya sabes, me contrataron, y tuve sentimientos encontrados de felicidad, emoción y… aprensión. Significaba que tenía que darle la noticia a mi padre, y no esperaba que lo recibiera bien.

«¿De qué sirve eso?», dijo. ¡Ay! Esto fue lo primero que dijo mi padre cuando se enteró de la noticia. Luego continuó: «¿Estás loco? En Singapur hay trabajo y tú no lo quieres. ¿Por qué quieres ir a Malasia, donde el tipo de cambio es mucho peor que en Singapur?»

Mi madre me dijo: «Sé que no quieres ser contable. Pero ¿no tienen trabajos de animación en Singapur? ¿Por qué tienes que ir a Malasia?»

Mi padre reanudó su discurso: «Normalmente, los malayos vienen a Singapur para trabajar. Nunca he oído que la gente de Singapur vaya a Malasia a buscar trabajo».

Durante la siguiente hora, más o menos, intentaron convencerme de que sabían lo que era mejor para mí. Me esperaba este tipo de respuesta, pero aun así me dolió que mis padres no apoyaran mi decisión.

Nunca consideres el amor de tus padres una molestia,
aunque no se exprese de la manera que tú deseas.

Días después, me dirigía a Malasia, y tanto mis padres como mi tía viajaban conmigo en el autobús. Si hubiera tenido diez años menos, me habría molestado y avergonzado que me acompañaran. Pero ahora que soy mucho mayor, no me importa que me sigan, porque sé que les da tranquilidad. Ahora me doy cuenta de que es su forma de expresar su amor.

A pesar del enfado y la insatisfacción de mi padre con mi trayectoria profesional, sabía que estaba preocupado por mí. En su opinión, Malasia es un lugar inseguro para vivir. Tiene un índice de criminalidad mucho más alto que el de Singapur, así que antes de que me fuera, no dejó de recordarme que tuviera cuidado. Incluso se ofreció a acompañarme, porque se sentía inseguro de que viajara solo. Después de todo, él es el león y yo su cachorro, y nadie toca a su cachorro.

Aunque a veces puede ser protector, controlador y asfixiante, soy incapaz de enfadarme con él, por mucho que no me apoye en mi carrera. Al final, sé que se preocupa por mí. Esta es la belleza del amor paternal, y aprendo a apreciarlo cada vez más a medida que me hago mayor. Pero no siempre fue fácil. A veces, me sentía como una de sus posesiones.

Cuando era pequeño, creía que mis padres no me querían. Pensaba que les importaba más el dinero y su propia imagen que yo. En parte, también se debía a que era el hijo mediano y soy demasiado complaciente. Siempre cedía ante mis hermanos mayores y menores, y no recibía la atención que deseaba. Así que me sentía un poco invisible y poco importante. Pero ahora me doy cuenta de que esta incomprensión se debía sobre todo a los diferentes lenguajes de amor y personalidades que tenemos mis padres y yo.

Los diferentes lenguajes del amor

En su libro *Los cinco lenguajes del amor*, Gary Chapman explica cómo diferentes personas con diferentes personalidades expresan el amor de diferentes maneras. Describe los cinco lenguajes del amor, que son los siguientes:

- Palabras de afirmación.
- Tiempo de calidad.
- Recepción de regalos.
- Actos de servicio.
- Contacto físico.

Estos lenguajes del amor no sólo se aplican a las relaciones románticas. También se aplican a la relación entre padres e hijos.

Hace muchos años, hice el test y descubrí que mi principal lenguaje del amor es el tiempo de calidad y mi lenguaje del amor secundario es el contacto físico. De niño, anhelaba la atención, la conexión emocional y los abrazos de mis padres. Quería pasar tiempo de calidad con ellos, pero siempre estaban trabajando y nunca querían hablar de emociones o tener una conexión más profunda conmigo. Además, en las familias asiáticas los padres no suelen abrazar a sus hijos, especialmente el padre.

Lo más importante es que me doy cuenta de que mis padres tienen lenguajes del amor en los que yo obtuve una puntuación baja en el cuestionario. Mi padre expresa su amor a través de la acción. Cuando nuestros ordenadores no funcionaban, él estaba allí para ayudar a arreglarlos. Si necesitábamos consejo sobre qué aparatos informáticos comprar o en qué acciones invertir, nos lo ofrecía. Pero no esperábamos que nos elogiara o nos diera una palmadita en la espalda cuando hacíamos algo bien. No era algo con lo que se sintiera cómodo.

Mi madre, en cambio, expresa su amor dando y recibiendo regalos. Durante mucho tiempo, no entendí por qué mi madre se ilumina cada vez que recibe algo. Yo no experimento la misma alegría cuando recibo regalos de otros. No sólo le gusta recibir regalos, sino que también le gusta regalar cosas a otras personas, a veces incluso prepara comida para nuestra familia. Así que yo pensaba que quería más a los demás que a sus hijos. También me compraba cosas que realmente no necesitaba, y nuestras conversaciones solían girar en torno a cosas tangibles como el dinero, la comida, la ropa, la lotería y los famosos, pero nada más profundo.

Aunque mis padres se ocuparon bien de mis necesidades de supervivencia, no me sentí querido de pequeño porque yo no interpretaba el amor como lo hacían ellos. No sabía que cuando mi padre me arreglaba el ordenador o cuando mi madre me compraba algo era su forma de demostrarme amor. De niño, yo quería tener una relación y una conexión más profundas con mis padres. Esperaba que se tomaran el tiempo necesario para escucharme y comprender mis sentimientos. Cuando tenía problemas en la escuela, deseaba que estuvieran allí para hablar conmigo y no sólo para señalar mis errores o decirme cómo podría haberlo hecho mejor.

Date cuenta de que puede que tus padres
nunca te quieran como tú siempre has querido.

A veces, cuando hablaba con mis padres, no podía evitar pensar que estaban más preocupados por ellos mismos que por mí. Por ejemplo, cuando estaba deprimido por mi primer trabajo y les decía que me daban ganas de suicidarme, la primera reacción de mi madre era reprenderme: «¿Por qué eres tan desconsiderado? ¿Qué será de nosotros si te mueres? Hemos gastado mucho tiempo, dinero y esfuerzo para criarte, y ahora sólo piensas en morir». Mi comentario sobre el suicidio fue una expresión descuidada mía en el calor del momento, y comprendo lo mal que debieron sentirse al oírme decirlo. ¿Pero qué pasaba con lo que yo sentía? Mis emociones también eran importantes.

Yo pensaba que mis padres no se preocupaban por mí. En lugar de reconocer mis emociones, la mayoría de las veces tenía que calmar sus emociones y asegurarme de que no se enfadaran o se alteraran. Me resulta difícil tener intimidad emocional y física con los demás porque las personas más cercanas a mí no quieren tener ese tipo de intimidad conmigo. Así que es bastante confuso e incómodo cuando alguien a quien apenas conozco intenta ser mi mejor amigo y me abraza.

Ahora que comprendo que mis padres tienen una forma diferente de expresar el amor, no espero que me quieran como siempre he querido que me quieran. En cambio, cada vez que noto que expresan su amor en su idioma, me recuerdo que debo apreciarlo y no dar por sentado su amor. He aprendido a aceptar a mis padres tal y como son.

Cómo aceptar a tus padres por lo que son

Los conflictos son inevitables cuando tienes un lenguaje amoroso y una personalidad diferentes a la de tus padres. Sin embargo, para dejar atrás el dolor de la infancia y sanar a tu niño interior, es importante que aceptes a tus padres por lo que son. Si no, tu resistencia hacia ellos te mantendrá atrapado en la ira y el resentimiento.

Si perdonar a tus padres es sanar tu pasado, aceptarlos es sanar tu relación con ellos en el presente.

Aquí tienes tres sugerencias para aprender a aceptar a tus padres:

1. Entender lo que pueden dar y lo que no pueden dar

Todos los niños se merecen unos padres cariñosos, amables y comprensivos, pero no todos los tienen. Algunos padres simplemente no pueden ser cariñosos, afectuosos y amorosos aunque te quieran. No forma parte de sus hábitos ni de su personalidad. Otros tienen problemas que no pueden resolver y están envueltos en sus propias preocupaciones. Si ni siquiera pueden proporcionarse amor a sí mismos, ¿cómo pueden darte a ti el amor que necesitas?

Cuando te des cuenta y aceptes que lo que tus padres pueden darte no se ajusta a lo que necesitas, dejarás de buscar su aprobación y su cariño.

¿Por qué seguir llamando a una puerta que no se abre?

Pedirle a alguien que no se siente cómodo dando elogios que te elogie a ti, te lleva a la decepción. Tú ya sabes que no te darán la aprobación que deseas.

Sé que mi padre tiene instinto de supervisión y no quiere que nos envanezcamos, por lo que nunca nos reafirmará ni nos elogiará. En lugar de buscar su aprobación o demostrarle lo exitoso que soy, hoy en día sólo acudo a él cuando necesito ayuda. Esto le permite expresar su amor hacia mí a través de acciones en lugar de palabras. Además, al darme cuenta de que mis padres no son el tipo de personas que se sienten cómodas hablando de emociones, dejé de esperar que tuvieran conversaciones profundas conmigo. En su lugar, hablo con mi hermano pequeño, que se siente más cómodo compartiendo pensamientos y sentimientos más profundos, y también tengo más amigos afines que están dispuestos a conectar conmigo a este nivel.

Una de las razones por las que nos resulta difícil aceptar a nuestros padres es que esperamos que hagan lo que nosotros queremos:

- Mis padres deberían haber reconocido mi esfuerzo.
- Mis padres deberían haber apoyado más mis decisiones.
- No deberían haberme tenido si no se preocupan por mí.
- Él debería saber que no tenía que comportarse así.
- Deberían haber recordado mi cumpleaños.

La verdad es que tenemos unas expectativas demasiado altas para los demás. No podemos esperar que los demás sean como nosotros. Ellos no son nosotros. No tienen los mismos deseos ni preferencias que nosotros. En lugar de exigir el amor y la atención de tus padres, colócate de manera que puedas recibir su expresión única de amor.

2. En lugar de centrarte en conseguir, hazlo en aprender

Nacemos en una familia por una razón: crecer. La mayoría de nosotros no tenemos padres que compartan las mismas personalidades y preferencias que nosotros. Tenemos que aprender a llevarnos bien con los miembros de nuestra familia. Este proceso de aprendizaje no sólo nos ayuda a crecer a nosotros, sino también a nuestros padres.

Una vez, un ex colega me preguntó: «¿Cómo puedo enseñarle matemáticas a mi hija? Me impaciento cuando no entiende simples sumas y restas». Este ex colega no ve que quizás no se trata de enseñar matemáticas a su hija. Se trata de aprender a ser más paciente con ella.

En mi caso, mi objetivo era desafiar las inseguridades, los miedos y las creencias de mi padre. Mi propósito era animarle a ser más abierto de mente, a confiar y a aceptar. Estaba destinado a poner a prueba y desarrollar mi resistencia y persistencia en la persecución de mis sueños. Estamos destinados a presionar los «botones» emocionales de los demás y aprender a superar nuestra negatividad.

Tus padres pueden ayudarte a ser mejor persona, independientemente de lo que hayan hecho o dejado de hacer.

Si lo consigues, será mucho más fácil aceptar a tus padres y sus acciones. Lo peor que puedes hacer es compararlos con otros padres. No preguntes por qué otras personas tienen padres que son cariñosos y comprensivos, pero los tuyos son abusivos, poco razonables y difíciles de tratar. Una comparación de este tipo sólo te producirá envidia y te hará sentir como una víctima. La lección de cada persona es diferente. Si ésta es la lección que te ha tocado, significa que ésta es el área en la que necesitas crecer, así que aprovéchala.

Tus padres también pueden ser tus maestros espirituales. Si les tratas como a personas que están aquí para enseñarte algo valioso, tu relación con ellos mejorará naturalmente. Sin embargo, si los tratas como enemigos o como a alguien de quien obtener amor, entonces seguirás sufriendo.

3. Procesa tu dolor en lugar de intentar cambiar a tus padres

Es muy tentador para nosotros intentar «arreglar» a nuestros padres, especialmente si tenemos tendencia a ayudar a los demás. Pero, por experiencia, puedo decir que rara vez funciona. Sólo empeoramos las cosas cuando intentamos cambiar a otra persona. Además, cuando intentamos arreglar a nuestros padres, ¿no es lo mismo que cuando ellos intentan cambiarnos a nosotros, como si tuviéramos algo malo? Ambas cosas son producto de la no aceptación.

Sí, tus padres pueden tener algunos problemas propios que necesitan resolver. Y sí, nos ayudamos mutuamente a crecer en familia. Pero, en última instancia, que una persona decida cambiar o no depende exclusivamente de ella. Ellos eligen si autorreflexionan y crecen o se quedan como están. Sólo ellos pueden ayudarse a sí mismos. No depende de ti decidirlo.

Para aceptar a tus padres, permíteles crecer en sus propios términos y a su propio ritmo. Las personas sólo cambian cuando eligen cambiar. Cuanto más le digas a alguien que haga algo, menos querrá hacerlo. En lugar de eso, deja que tus padres elijan su propio camino y acepta el hecho de que quizá nunca cambien. Puede que seas la única persona que desea que cambien, pero ellos no quieren, aunque tú creas que es bueno para ellos.

Deja de tener la fantasía de que algún día tus padres
serán diferentes de como son ahora.

Cuando no podemos aceptar a otra persona, nunca es culpa suya. Siempre se trata de nosotros. Intentamos controlar las acciones y comportamientos de los demás porque no queremos estar en contacto con nuestro propio dolor. Aceptar a nuestros padres por lo que son significa que tenemos que enfrentarnos a la realidad y abandonar nuestras fantasías. Significa que tenemos que aceptar el hecho de que no son tan comprensivos y cariñosos como creemos o deseamos que sean. También significa que tenemos que aceptar que no podemos conseguir que nuestros padres nos quieran como queremos que nos quieran, y que no tenemos capacidad para conseguir el amor de nuestros padres ni de cualquier otra persona. La fantasía que tenemos sobre nuestros padres sólo encubre el dolor que experimentamos de niños. Darnos cuenta de que es una fantasía sólo nos devolverá el dolor de la infancia.

Sin embargo, sólo podemos ser definitivamente libres procesando nuestras diferentes emociones (la ira, el resentimiento, la vergüenza, el miedo y el dolor) y aceptando a nuestros padres tal como son. Sólo si los aceptamos podremos asumir la responsabilidad de amarnos a nosotros mismos y no depender de ellos ni esperar que satisfagan nuestras necesidades. La única forma de mejorar la relación con nuestros padres es cambiar la forma en que nos relacionamos con ellos. Para ello, nosotros también debemos cambiar.

Conclusión

Sé tu propio padre

«Los bebés nacen con la necesidad de ser amados, y nunca la superan.»

FRANK A. CLARK

Tres meses después de dejar mi trabajo a tiempo parcial en mi ex empresa, me pidieron que volviera para echar una mano. Esta vez, otra de mis amigas necesitaba someterse a una cirugía menor en el párpado. Me pareció una buena prueba para ver si había aprendido algo de mi experiencia anterior.

Lo diferente esta segunda vez fue que consulté primero a mi niño interior. Me aseguré de entender cómo se sentía él volviendo a trabajar antes de aceptar el empleo. Como había establecido un entendimiento mutuo entre mi niño y mi padre interior, me sentía completamente feliz trabajando como contable durante un mes.

Desde entonces, mi niño interior es muy abierto a la hora de compartir lo que siente, ya sea a través de pensamientos, emociones o sensaciones corporales. Mi padre interior también es empático y paciente con mi niño interior. Hay una buena relación entre los dos. Incluso aunque exista un conflicto interno, soy consciente de ello, lo cual es mejor que tener al niño interior saboteando mis decisiones a nivel subconsciente.

El camino hacia la autocompasión es fácil cuando uno está solo y no es provocado por nadie ni por eventos externos. Sin embargo, sabemos que esto no es práctico. No podemos vivir aislados de ciertas personas o acontecimientos. Siempre habrá gente que será como tus padres y eventos que desafiarán tu capacidad de amarte a ti mismo. Puede que haya personas que te critiquen y desaprueben. Puede que te sientas rechazado por las acciones o inacciones de otras personas. En momentos así, necesitas aprender a calmarte y aliviar el dolor que se desencadena en tu niño interior. De hecho, cada vez que surge el dolor, es una oportunidad para practicar el amor propio. Es una oportunidad para seguir soltando el sufrimiento y el miedo que lleva tu niño interior.

Aprender a reconciliar al padre y al niño interior que llevas dentro te ayudará en tus relaciones con los demás. Comprenderás lo que necesitas y, en lugar de esperar que tu pareja y otras personas reconozcan y te proporcionen lo que necesitas, aprenderás a satisfacer tus propias necesidades. Esto libera a las personas que te rodean del estrés de tener que satisfacer tus expectativas, y también habrá menos posibilidades de que te sientas decepcionado cuando no hagan lo que esperas que hagan. Por supuesto, esto no significa que no necesitemos el apoyo de los demás mientras hacemos nuestro trabajo interior. Es hermoso encontrar a alguien que pueda amarte de la misma manera que te amas a ti mismo y tener una relación con él o ella. Pero esto es sólo una ventaja añadida.

La relación más importante siempre será la que tengas contigo mismo.

Cuando te das cuenta de que *eres amor*, no hay necesidad de buscar el amor de otra persona. Sólo necesitas recordarte a ti mismo que debes aprovechar el amor que siempre está dentro de ti y que te apoya.

Además, cuando seas padre o madre, sabrás cómo cuidar de tu hijo porque habrás practicado el amor hacia ti mismo en primer lugar. Sabes lo impotente que se siente un niño y podrás amarlo de una manera protectora y nutritiva a la vez. Tampoco permitirás que tu ego paternal se interponga en el camino de la conexión con tus hijos. Y, lo que es más importante, podrás romper el círculo vicioso y no transmitirás a tus propios hijos el dolor que ha experimentado tu niño interior.

Muchos de nosotros culpamos a nuestros padres de nuestra educación. Nos sentimos frustrados porque no reflexionan ni mejoran. Pero, al hacerlo, también transmitimos resentimiento e ira a nuestras futuras generaciones. Recuerda que, detrás de la ira, hay dolor. Detrás del dolor, hay amor. Si escarbas lo suficiente, podrás descubrir el amor por tus padres.

No importa lo que haya pasado en el pasado, puedes quererte a ti mismo como querías que te quisieran tus padres. Ahora eres un adulto. Sé tu propio padre.

Lecturas recomendadas

Early, Jay, *La terapia del self.* Eleftheria, Madrid, 2016.

Kolk, Bessel van der, *El cuerpo lleva la cuenta.* Eleftheria, Madrid, 2020.

Waking the Tiger: Healing Trauma, de Peter A. Levine y Ann Frederick. North Atlantic Books, Berkeley, California, 1997.

Hanh, Thich Nhat, *Reconciliation: Healing the Inner Child*, Parallax Press, Berkeley, California, 2006.

Para leer más libros sobre autocompasión y mindfulness, visita esta URL: http://www.nerdycreator.com/bookclub/